GÜTERSLOHER
VERLAGSHAUS

MATTHIAS STIEHLER

VÄTER
LOS

EINE GESELLSCHAFT
IN DER KRISE

Gütersloher Verlagshaus

Bibliografische Information der Deutschen Nationalbibliothek
Die Deutsche Nationalbibliothek verzeichnet diese Publikation
in der Deutschen Nationalbibliografie; detaillierte bibliografische
Daten sind im Internet über https://portal.dnb.de abrufbar.

Verlagsgruppe Random House FSC-DEU-0100
Das für dieses Buch verwendete FSC-zertifizierte Papier
Munken Premium Cream liefert Arctic Paper Munkedals AB, Schweden.

1. Auflage
Copyright © 2012 by Gütersloher Verlagshaus, Gütersloh,
in der Verlagsgruppe Random House GmbH, München

Dieses Werk einschließlich aller seiner Teile ist urheberrechtlich geschützt.
Jede Verwertung außerhalb der engen Grenzen des Urheberrechtsgesetzes ist
ohne Zustimmung des Verlages unzulässig und strafbar. Das gilt insbesondere
für Vervielfältigungen, Übersetzungen, Mikroverfilmungen und die Einspei-
cherung und Verarbeitung in elektronischen Systemen.

Umschlagmotiv: © ArTo– Fotolia.com
Druck und Einband: CPI – Ebner & Spiegel, Ulm
Printed in Germany
ISBN 978-3-579-06657-8

www.gtvh.de

FÜR MEINE KINDER
SOPHIE
KONSTANTIN
LISA-MARIE

Alle Beispiele und Darstellungen aus Beratungen, Gruppengesprächen und Workshops sind authentisch. Details, durch die Teilnehmende zu identifizieren wären, wurden jedoch verändert. Aus diesem Grund wurde auch auf die Nennung von Namen verzichtet.

INHALT

Ratlose Väter, abgelehnte Väterlichkeit   8

TEIL 1
EINE VÄTERLOSE GESELLSCHAFT   17

Väterlose Politik   17
Die Ablehnung von Väterlichkeit   24
Der Mangel an Väterlichkeit im »väterlichen« Strafsystem   28
Arbeitswelt und Führungsqualität   37
Konfrontationslose Soziale Arbeit   46
Hilflose Partnerschaften   54
Die zu geringe Geburtsrate   62
Väter in der Familie   65
Der »unväterliche Vater«   73
Die Ablehnung von Väterlichkeit in Familien   79
Die Grenzen von Väterlichkeit in unserer Gesellschaft   93
»Auf dem Weg zur vaterlosen Gesellschaft«   100

TEIL 2
MERKMALE VON VÄTERLICHKEIT   115

Die drei Ebenen väterlichen Handelns   115
Vaterschaft und Beziehungsdynamik   120
Der Vater als Unterstützer der Kinder   130
Vaterkraft   137
Der Vater als Repräsentant der Realität   141
Väterliche Begrenzung   157
Das Gesetz des Vaters   162
Der Vater als Lehrmeister   172
Echte Väterlichkeit   174

Von der Väterlosigkeit zur väterlichen Gesellschaft   181

Anmerkungen   186

RATLOSE VÄTER,
ABGELEHNTE VÄTERLICHKEIT

Dieses Buch macht die Väterlosigkeit unserer Gesellschaft zum Thema. Doch diese Aussage meint nicht, dass es zu wenige Väter gäbe. Denn natürlich gibt es sie – schon biologisch gesehen – ebenso häufig wie Mütter. Und betrachten wir uns die Entwicklung der letzten Jahrzehnte, dann fällt zudem auf, dass immer mehr Männer *als Väter leben wollen*. Es mag zwar noch viele abwesende Väter geben. Sei es, weil die Eltern getrennt sind und das Kind den Vater nicht sieht, sei es, weil der Vater vor allem mit seiner beruflichen Entwicklung beschäftigt ist und sich kaum um seine Kinder kümmert. Aber diese Väter werden zunehmend weniger. Väter entdecken ihr Vatersein. 2011 nahmen etwa ein Viertel der Väter Elternzeit, Tendenz steigend. Und nicht nur daran misst sich die steigende Bedeutung, die die Vaterschaft für Männer gewinnt. Bedeutsam ist auch die politische Kraft, die Vereine wie »Väteraufbruch für Kinder« entwickelt haben. Ein weiteres Indiz ist zudem die Selbstverständlichkeit, mit der Stiefväter ihre soziale Vaterschaft übernehmen. Sicher gibt es weiterhin Entwicklungsbedarf, aber es verändert sich etwas. Gemessen an den vorhergehenden Generationen sind Väter in den Familien wieder präsenter. Es mangelt also nicht an *Vätern*.

Was aber was fehlt – und das ist die Grundthese meines Buches – ist *Väterlichkeit*. Väterlichkeit entsteht nicht, indem ein Mann Vater wird. Sie ist auch nicht einfach so vorhanden, weil ein Mann seine Vaterschaft mit den Kindern leben will. Väterlichkeit ist eine Summe von Eigenschaften, die das Spezifische des Vaterseins ausmachen. Und wenn ich behaupte, dass es an Väterlichkeit in unserer Gesellschaft fehlt, dann meine ich, dass über Jahrzehnte, wenn nicht gar über noch längere Zeit das selbstverständliche Wissen über diese Eigenschaften verloren gegangen ist.

Am ehesten definieren wir heute Väterlichkeit über negative Aussagen: Ein Vater sollte nicht herrisch, nicht brutal und vor allem nicht abwesend sein. Mit diesen Eigenschaften bezeichnen wir traditionelle Väterlichkeit, von denen sich heutige Väter abgrenzen möchten. Dagegen sehen wir kaum Positives, das allein mit Väterlichkeit verbunden ist. Liebevolle Zuwendung, Aufmerksamkeit, Umsorgung sind bestenfalls Zeichen guter Elterlichkeit. Sie sind aber keinesfalls Merkmale einer eigenständigen Väterlichkeit. In solchen positiven Beschreibungen wird Väterlichkeit nicht von Mütterlichkeit unterschieden. Und so ließe sich die moderne – oder wie wir heute gern sagen: die neue – Vaterschaft durchaus mit mütterlichen Eigenschaften beschreiben.

Doch ist es wirklich das, was wir brauchen: Väter, die ihre mütterlichen Eigenschaften entdecken und gegenüber ihren Kindern leben? Zumindest weiß unsere Gesellschaft derzeit keine andere Antwort. Und so bleibt für viele Väter die Frage offen, was eigentlich eigenständige Väterlichkeit ist und ob diese heute überhaupt noch gebraucht wird.

Ein Mann, Anfang Dreißig, Psychologe, lernt eine Frau kennen und lieben, die zu diesem Zeitpunkt bereits schwanger von einem anderen Mann ist. Allerdings hatte sie sich von diesem schon getrennt, als sich die beiden kennenlernen. Nach einer kurzen Zeit der Entscheidungsfindung beschließt der Mann, die neue Situation anzunehmen, mit der Frau eine Partnerschaft einzugehen und damit auch bewusst die soziale Vaterschaft zu leben. Er möchte die neu entstehende Familie nicht allein seiner Partnerin überlassen und dem Kind, das er von nun an als sein Kind bezeichnet, ein zugewandter Vater sein. Als Zeichen dafür möchte er vier Monate Elternzeit nehmen.

Schwierigkeiten ergeben sich dann auch weniger mit dem Kind, sondern mit seiner Partnerin. Zunächst beginnt es mit Auseinandersetzungen um die Kinderversorgung und Kindererziehung. Sie weiß es immer irgendwie besser und meckert herum, wenn er etwas anders machen will oder nicht ihre Ordnung hält. Er sieht das oft ein und bemüht sich auch. Er hat ohnehin den Eindruck, dass seine Partnerin den besseren Überblick hat und schneller weiß, was das Kind braucht. Und doch ist er unzufrieden. Er hat das Gefühl, dass er seinen eigenen Ansprüchen nicht genügt. Das entlädt sich dann manches Mal im Aufbrausen – gegenüber dem Kind oder seiner Partnerin. Aber das macht ihn dann noch unzufriedener, denn er will doch ein liebevoller Vater und Partner sein. Schließlich sucht er einen Berater auf.

In den Beratungsgesprächen wurde nicht nur die derzeitige Lebenssituation betrachtet, sondern auch die Konstellation der Ursprungsfamilie des Mannes beleuchtet: Seine Mutter empfand er als sehr zugewandt, für sie war er immer »ihr Großer«. Das machte ihn stolz. Dagegen schimpft er noch heute über seinen Vater: »Der war meist nicht da. Und wenn er da war, hat er den großen Maxen gespielt und da war nichts dahinter. Alles sollte nach seiner Pfeife tanzen, aber ich habe mir von dem nichts sagen lassen.« Während er sich also mit seiner Mutter verbunden fühlte, lehnte er seinen Vater ab.

In der Beschreibung der Ursprungsfamilie des Mannes erkennen wir das Dilemma vieler heutiger Väter. Sie leben sehr häufig in einer Polarisierung. Während sie ihre eigenen Mütter positiv sehen, möchten sie sich gegenüber ihren Vätern lieber abgrenzen. Das mag sich im Einzelfall differenziert darstellen, nicht ganz so eindeutig wie bei diesem Mann. Aber die Tendenz ist insgesamt eindeutig und entspricht der Aussage, dass Beschreibungen positiver Elternschaft eher mütterlichen Eigenschaften zuzuordnen sind, während väterliche Eigenschaften vor allem negativ beschrieben werden können.

Nun lassen sich vielleicht auch einige positive väterliche Eigenschaften nennen. Als Erstes ist da das Grenzensetzen zu nennen. Väter müssen ihren Kindern Grenzen aufzeigen. Das ist für die Heranwachsenden unerlässlich. Aber so sehr diese Aussage in ihrer Allgemeinheit von vielen bejaht werden mag, so sehr trifft gerade diese Eigenschaft auf erbitterten Widerstand im Konkreten. Schon das Beispiel des Mannes lässt bei genauer Betrachtung die Frage stellen, ob der Vater wirklich so schlimm war, wie es der Junge empfunden hat. Vielleicht hat der Vater nur versucht, in den Zeiten, in denen er da war, seinen väterlichen Aufgaben zu genügen – und eben beispielsweise dem Jungen Grenzen zu setzen. Der Junge aber empfand das als unangenehm und hat sich dagegen gewehrt. Und die Mutter hat ihn dabei unterstützt, denn er war ja »ihr Großer«. Für diese Deutung der Konstellation in der Ursprungsfamilie spricht die Arbeitssituation des Mannes und die Haltung seinem Chef gegenüber:

Der Mann arbeitet selbst in einer Beratungsstelle. Er ist qualifiziert für den Job und zudem machte er anfangs den Eindruck, dass er die Arbeit und das Team bereichern würde. Doch er erfüllte die an ihn gestellten Erwartungen nicht. Anfangs fiel das nicht so sehr auf, da wurden die Probleme auf die Einarbeitungszeit geschoben. Der Mann war nicht faul. Er erledigte sein Arbeitspensum so, dass es zunächst ausreichte, quasi

»Dienst nach Vorschrift«. Aber die an ihn gesteckten höheren Erwartungen erfüllte er auch nach einem Jahr noch nicht. In Gesprächen mit dem Leiter war er einsichtig, gab die Probleme zu und setzte die in diesen Gesprächen genannten Aufgaben zunächst auch um. Doch schleichend verlief das Engagement dann wieder im Sand. Der Leiter fragte sich, ob er den Mann überschätzt hat und er gar nicht in der Lage sei, die gestellten Erwartungen zu erfüllen. Und auch der Mann selbst fragte sich, wieso er seinem eigenen Anspruch nicht genügte. Einmal wurde ihm die Aufgabe erteilt, einen Arbeitsbereich vor Kooperationspartnern darzustellen und die Aktivitäten des Teams aufzuzeigen. Doch er hatte sich überhaupt nicht vorbereitet und so geriet die Darstellung zum Fiasko. Die Kooperationspartner gewannen den Eindruck, als geschähe auf diesem Arbeitsgebiet nur sehr wenig. Der Leiter hatte alle Hände voll zu tun, um die Arbeit des Teams ins rechte Licht zu rücken.

Die Arbeitssituation scheint zunächst wenig mit dem Thema »Väterlichkeit« zu tun zu haben. Doch bei genauer Betrachtung erkennen wir die Situation der Ursprungsfamilie wieder. Einerseits sehen wir die Überschätzung, die in der Kindheit in der mütterlichen Aussage »mein Großer« zu finden ist. Auch jetzt wurde ihm in seiner Arbeit mehr zugetraut, als er real zu leisten in der Lage war. Andererseits aber findet sich in seiner Arbeitsleistung auch der Widerstand gegenüber seinem Vater wieder. Jetzt aber ist die Vaterfigur sein Chef.

Der Mann befindet sich in einer Zwickmühle. In seiner Familie weiß er nicht so recht, wie er sich auf gute Weise als Vater verhalten kann. Er hat lediglich ein Repertoire an mütterlichen Eigenschaften zur Verfügung, was ihn jedoch nicht befriedigt. Eine Vorstellung von eigenständiger Väterlichkeit aber besitzt er nicht. Das führt letztlich in eine unbefriedigende Situation, die die Partnerschaft auf eine Zerreißprobe stellt. Doch im Job wehrt er sich wiederum gegenüber seinem Chef, der Forderungen stellt und nicht so viel Verständnis hat. Der Ratlosigkeit in der eigenen Vaterschaft entspricht die Ablehnung von Väterlichkeit bei anderen »Vaterfiguren« in seinem Leben.

Dieses Beispiel verdeutlicht die beiden Pole Ratlosigkeit und Ablehnung, von denen nicht nur dieser Mann, sondern unsere Gesellschaft insgesamt ergriffen ist. Einerseits gibt es einen Wunsch nach Vätern und nach einer größeren Rolle, die sie spielen sollen. Dahinter steht die Einsicht, dass Familien Mütter und Väter gleichermaßen brauchen und Mütter allein auf sich gestellt überfordert sind. Zugleich aber fehlt ein Verständnis dafür, was die ganz eigene Aufgabe der Väter überhaupt ausmacht, wenn sie gegenüber ihren Kindern nicht einfach nur mütterliche Eigenschaften kopieren. Auf der anderen Seite findet eine allgegenwärtige Ablehnung von Väterlichkeit statt. Ich werde im ersten Teil des Buches darlegen, wie heftig unsere Gesellschaft von dieser Ablehnung ergriffen ist, wie sehr sie zu ihrem Wesen gehört und wie stark unsere Gesellschaft damit in eine ernste Krise gerät.

Bereits das Beispiel des Mannes zeigt, dass das Thema Väterlichkeit keinesfalls nur die Familiensituationen betrifft. Wenn wir von »Mütterlichkeit« und »Väterlichkeit« sprechen, ist nicht nur das Verhalten von Müttern und Vätern gemeint. Sicherlich nimmt beides seinen Anfang, seine Grundlegung in deren Aufgaben, insbesondere in der frühen Lebenszeit des Kindes. Aber »Mütterlichkeit« und Väterlichkeit« gehen in ihrer Bedeutung weit über die Familien hinaus. Es handelt sich um Prinzipien des Zusammenlebens und der Struktur menschlicher wie gesellschaftlicher Beziehungen.

Unser Leben ist von Mütterlichkeit und Väterlichkeit geprägt. Aber damit ist nicht nur das Verhalten von Menschen gemeint, das auch jenseits von Mutterschaft und Vaterschaft mütterlich und väterlich sein kann. Auch Institutionen, Vereine, Parlamente, ja die Gesellschaft insgesamt wirken mütterlich und väterlich. Überall da, wo sich Personen, Institutionen oder Strukturen um Menschen kümmern, wirken sie damit zwangsläufig mütterlich und väterlich. Es gibt kein Handeln für Menschen, keine Strukturen, die menschliches Leben beeinflussen, jenseits dieser beiden Prinzipien.

Aus dieser Aufzählung wird zudem deutlich, dass die Prinzipien Mütterlichkeit und Väterlichkeit nicht geschlechtsspezifisch zu verstehen sind. Zwar finden sie ihren Ursprung in den unterschiedlichen Aufgaben, die Mütter und Väter in der ersten Lebenszeit eines Kindes haben. Jedoch lösen sie sich dann selbst in den Familien zunehmend vom Geschlecht der Akteure. Mütter müssen auch väterlich, Väter auch mütterlich auftreten können. Die Geschlechtsspezifik zeigt höchstens Tendenzen auf, über die im zweiten Teil, wenn die Merkmale von Väterlichkeit dargestellt werden, noch zu sprechen sein wird. Aber in der Gesellschaft, im politischen, sozialen und wirtschaftlichen Bereich gibt es kaum noch eine Geschlechtsspezifik. Sehr wohl aber behalten die Prinzipien »Mütterlichkeit« und »Väterlichkeit« ihre Wichtigkeit.

Beide Prinzipien verhalten sich komplementär zueinander. Komplementär heißt, dass sie zwar unterschiedliche Pole des Handelns darstellen, aber das eine nicht ohne das andere sein kann. Vielmehr ist von zentraler Bedeutung, dass beide Pole im Gleichgewicht zueinander stehen. Das Miteinander von Menschen gerät an seine Grenzen und überfordert sich, wenn ein permanentes Ungleichgewicht zwischen dem Mütterlichen und dem Väterlichen besteht.

Und auch die Gesellschaft gerät aus dem Lot. Es besteht dann die Gefahr von Einseitigkeiten, die das soziale Gefüge belasten. Autoritäre Familienstrukturen oder – als Gegenstück – mangelnde familiäre Bindung belasten die individuelle Entwicklung und die eigene Zufriedenheit. Repression und Verwahrlosung der Sitten sind die beiden entgegengesetzten Pole, zu denen hin eine Gesellschaft driften kann. Heute müssen wir eine Störung des Gleichgewichts in unserer Gesellschaft konstatieren. Wir leben in einem Mangel an Väterlichkeit, in einer väterlosen Gesellschaft. Stattdessen ist an vielen Stellen eine überbordende Mütterlichkeit zu konstatieren, die – wie im beschriebenen Beispiel – zu einem falschen, oftmals aufgeblasenen Selbst und zu destruktiver Konkurrenz führt. Das nimmt zunehmend krisenhafte Züge an. Wie ich im weiteren Verlauf darlege, ist in vielen Bereichen unsere gesellschaftliche Ordnung bedroht. Ich sehe unsere Gemeinschaft daher an einem Scheidepunkt: Machen wir weiter wie bisher oder gelingt es uns, das Steuer herumzureißen und uns auf den Weg zu mehr Väterlichkeit zu begeben.

Ich werde in einem ersten Teil den Ernst der Lage aufzeigen. Es geht um kein Spiel und auch keine Beliebigkeit – je nach Laune. Die Existenz unserer gesellschaftlichen Ordnung steht auf dem Spiel und wir sind alle gemeinsam gerade im Begriff, diese Ordnung zu zerstören. Ich werde das an Beispielen aus der Politik, aber auch aus anderen Gesellschaftsbereichen belegen. Dabei möchte ich deutlich machen, dass es nicht um Einzelbeispiele geht, sondern dass sie unsere Grundverfassung aufzeigen, die sich in den angesprochenen Polen »Ratlosigkeit« und »Ablehnung« zeigt.

Doch mir ist es wichtig, nicht bei der Negativbeschreibung stehenzubleiben. Deshalb werde ich in einem zweiten Teil die Merkmale von Väterlichkeit entwickeln. Ich unternehme also den Versuch, das positiv zu beschreiben, was wir derzeit nur als Negativfolie wahrnehmen. Dieser zweite Teil umreißt somit eine Vision. Und es ist zu wünschen, dass sich unsere Gesellschaft auf die Vision einer eigenständigen, der Mütterlichkeit ebenbürtigen Väterlichkeit einlässt.

Wir leben in einer väterlichkeitslosen Gesellschaft. Das ist die erste Möglichkeit, wie der Titel des Buches zu verstehen ist. Es gibt aber noch zwei weitere Verstehensweisen, die mir ebenso passend erscheinen: Da ist zunächst das »Los der Väter«. Aus den bisherigen Ausführungen ist bereits deutlich geworden, dass es heutzutage keine Selbstverständlichkeit väterlichen Handelns gibt. Das werden die folgenden Ausführungen noch plastischer vor Augen führen. Es ist das Los der Väter, sich mit dieser Situation auseinandersetzen zu müssen. Sie sind aufgefordert, sich eine selbstverständliche Väterlichkeit neu erringen zu müssen. Doch dazu gilt es, mehr als bisher in die Offensive zu gehen. Die Zeit ist reif, dass insbesondere Väter einen gesellschaftlichen Prozess gestalten, der die Entwicklung einer eigenständigen Väterlichkeit zum Ziel hat. Auch in diesem Sinne ist der Buchtitel zu verstehen: »Väter, (macht endlich) los!«

1 EINE VÄTERLOSE GESELLSCHAFT

VÄTERLOSE POLITIK

Politik ist der Bereich, in dem für die Gesellschaft verbindliche Entscheidungen getroffen und Regeln aufgestellt werden. Sie wird in unserer parlamentarischen Demokratie durch Parteien getragen, soll jedoch nicht deren Erfolg dienen, sondern das Wohl der Menschen zum Ziel haben. Mit den Prinzipien Mütterlichkeit und Väterlichkeit lässt sich Politik in ihrer jeweiligen Grundhaltung charakterisieren. Sie soll fürsorglich und zugleich grenzensetzend sein, sie soll für Gerechtigkeit sorgen und doch auch Eigenverantwortung fördern, sie soll Freiheiten gewährleisten und zugleich den Gemeinsinn stärken. Die Begriffspaare zeigen unterschiedliche Pole an, die sich jedoch in einem Ausgleich befinden müssen. Politik hat ein Gleichgewicht zwischen unterschiedlichen Ansprüchen und Interessen herzustellen. Sie ist gefordert – um in der Terminologie dieses Buches zu bleiben – einen Ausgleich zwischen Mütterlichkeit und Väterlichkeit herzustellen.

Die Führungsebenen der Politik sind dabei besonders in ihren väterlichen Kompetenzen gefragt. Sie müssen Entscheidungen befördern, Pläne und Visionen entwickeln sowie die Einzelfragen an grundsätzlichen Wertvorstellungen ausrichten. Deshalb wird beispielsweise einer Bundeskanzlerin oder einem Bundeskanzler »Richtlinienkompetenz« zugeschrieben. Sie beziehungsweise er muss in strittigen Fragen entscheiden und die Regierung führen. Es gibt das Sprichwort »Wie der Herre, so das Gescherre«, was bedeutet, dass dort, wo diese Führungsaufgabe in keiner guten Weise wahrgenommen wird, es zwangsläufig zu Problemen und Schwierigkeiten im jeweiligen Sozialzusammenhang kommen muss, dem der Betreffende vorsteht. Das gilt, wie im Folgenden noch aufgezeigt werden wird, für zahlreiche sozialen Bezüge. Das gilt ebenso und ganz besonders für die Bundesregierung.

Erinnern Sie sich noch an die Affäre um die Doktorarbeit des damaligen Bundesverteidigungsministers Karl-Theodor zu Guttenberg im Februar 2011? Als herauskam, dass er große Teile seiner Doktorarbeit aus fremden Quellen abgeschrieben hatte, die er nicht kenntlich machte, reagierte die Bundeskanzlerin Angela Merkel mit der Bemerkung, sie brauche einen Minister und keinen wissenschaftlichen Mitarbeiter. Das war offensichtlich parteitaktischem Kalkül geschuldet. Sie wollte nicht als diejenige dastehen, die gegen den damaligen Hoffnungsträger der Union vorgeht. Die Botschaft ihrer Verhaltensweise ist, dass ihr die eigene Macht höher steht als die Wahrheit. Denn die Wahrheit war recht eindeutig: Guttenberg hat bei der Erstellung seiner Doktorarbeit wissentlich betrogen und damit den bekannten Standards wissenschaftlicher Arbeit zuwider gehandelt.

Dass er sich selbst zunächst durch Ausflüchte zu retten versuchte, ist zu verstehen. Es schien ihm »um seinen

Kopf« zu gehen. Fast jeder Schüler, der erwischt wird, wird zunächst alles versuchen, das drohende Unheil abzuwenden. Wichtig aber ist dann, dass der Lehrer – oder in diesem Fall die Kanzlerin – konsequent reagiert und die Lüge aufdeckt beziehungsweise die Verschleierung verhindert. Indem Angela Merkel Guttenbergs Ausflüchte unterstützte, nahm sie ihre Verantwortung nicht wahr. Zudem zwang sie die Öffentlichkeit zu Protesten und schadete in der Konsequenz dem Menschen zu Guttenberg mehr, als dass sie ihm half. Sie setzte ihn der Demontage aus, um ihre eigene Position und die ihrer Partei zu schützen.

Die Kanzlerin stellte sich in »mütterlichem« Schutz vor den bedrohten »Jungen«. Der Schaden, den sie und andere vermeintliche Unterstützer des »Hoffnungsträgers« dabei anrichteten, war beträchtlich. Gesellschaftlich kamen Promotionen plötzlich in einen zweifelhaften Ruf: Bei welchem Menschen, der einen Doktortitel in seinem Namen trägt, kann man nun sicher sein, dass er nicht betrogen hat? Zugleich aber wurde bewusster Betrug für viele zu einem Kavaliersdelikt. Denn sehr viele Menschen waren bereit, zu Guttenberg diesen Betrug zu verzeihen, weil er ihnen sympathisch war. Auf der anderen Seite schützten die Verschleierungstaktik und die Solidaritätsbekundungen dem Menschen Karl-Theodor zu Guttenberg nicht wirklich. Denn weil ihm niemand rechtzeitig Einhalt gebot, glitt er immer mehr in Lügen und Peinlichkeiten ab. Er hätte einer väterlichen Autorität bedurft, die ihm sagt, dass er die Ausflüchte lassen soll und zu seinem Betrug in allen Konsequenzen stehen muss. Sein Ministeramt hat er so oder so nicht retten können. Aber der Mensch zu Guttenberg bliebe in seiner Würde bewahrt.

Ein guter Vater macht seinem Kind deutlich, dass es zu seiner Verantwortung stehen muss. Nicht die Fehlerfreiheit ist höchstes Gebot für einen Menschen, sondern eben diese Verantwortung. Auf der politischen Bühne, auf der sich diese Affäre abspielte, stand diese Aufgabe der Bundeskanzlerin zu, vielleicht auch noch dem CSU-Parteivorsitzenden Horst Seehofer. Und beide haben versagt. Bei der Bundeskanzlerin wurde gar noch vermutet, dass sie sich vordergründig vor zu Guttenberg stellte und im Hintergrund gegen ihn agierte. Das ist alles andere als anständige Politik.

Dieses Beispiel macht deutlich, dass es hier an Väterlichkeit als Prinzip mangelte. Denn natürlich ist die Kanzlerin nicht der Vater ihrer Minister. Aber in ihrer Funktion war sie gefordert, im beschriebenen Sinne väterlich zu handeln, wobei im zweiten Teil noch ausgeführt wird, wie sich das Prinzip »Väterlichkeit« herleitet. Doch der geforderten und notwendigen Konsequenz hat sie sich – so lange es ging – aus taktischem Kalkül verweigert und wird damit weiter der Politikverdrossenheit Vorschub leisten.

Die Affäre »Guttenberg« ist nur ein Beispiel und fast beliebig austauschbar. Das zeigt die sich ein halbes Jahr später entwickelnde Affäre »Wulff«, die dem Amt des Bundespräsidenten erheblichen Schaden zufügte. Es ist erschreckend, von welchem parteitaktischem Kalkül die jeweiligen Diskussionen geprägt sind. Da geht es nicht um Anstand, um moralische Prinzipien oder gar Wahrheit – zumindest nicht an erster Stelle. Zwar wird das von der Gegenseite sofort betont, aber eben nur so lange der politische Gegner betroffen ist. In einer politischen Auseinandersetzung ist fast immer schon vorher klar, welche Stellung ein Politiker zu einem Problem einnimmt. Wir brauchen nur das Parteibuch zu kennen. Und nur selten gibt es Nuancen oder Abweichler. Es geht mehr als um die Sache um das Wohlergehen und die Macht der jeweiligen Partei, es geht um die eigene Karriere und um Erfolge, mögen sie noch so leer und austauschbar sein. Hier nimmt die Parteienverdrossenheit ihren Ausgang, denn diese Charakterisierung der politischen Diskussion betrifft alle Parteien.

Wenn innerhalb der Regierung und in den Parlamenten derart agiert wird und Wahrhaftigkeiten und Werte sehr schnell einer Parteienraison geopfert werden, hat das zwangsläufig Auswirkungen auf die Politik. Das höchste Gut ist die Wiederwahl und dem werden, wenn es sein muss, eigene Überzeugungen und notfalls auch das Wohl des Staates geopfert.

Das eklatanteste Beispiel ist in diesem Zusammenhang die Schuldenkrise. Dabei haben die Ereignisse in Griechenland und anderen hoch verschuldeten Staaten einerseits den Ernst der Lage verdeutlicht. Auf der anderen Seite aber wird von vielen Menschen immer noch nicht realisiert, dass auch Deutschland gar nicht so weit entfernt von deren Situation ist. Auch bei uns hat die Staatsverschuldung ein Ausmaß angenommen, das in seiner Dimension schwer zu fassen ist und das trotz aller Absichtsbekundungen immer noch als selbstverständlich hingenommen wird. Die Staatsverschuldung in Deutschland liegt bei über 2 Billionen, also mehr als 2.000.000.000.000 Euro. Das sind mehr als drei Viertel des Bruttoinlandprodukts. Das bedeutet, dass wir Schulden im Wert von mehr als drei Viertel aller in einem Jahr in unserem Land hergestellten Produkte und Dienstleistungen haben. Somit stecken wir in einem Schuldenberg, der unser Land noch über Generationen belasten wird, wenn er überhaupt jemals abzutragen ist. Derzeit sind wir gezwungen, selbst Zinsen und Tilgungen mit immer neuen Krediten zu bezahlen, wenn der Staat nicht Bankrott gehen soll. All das ist bekannt. Jeder, der es wissen will, kann es auch wissen. Aber die gesellschaftliche Haltung diesem Problem gegenüber ist weitestgehend gleichgültig, die Aufnahme immer neuer Schulden ist eine Selbstverständlichkeit.

Die klare Aussage angesichts der Fakten lautet: Wir leben über unsere Verhältnisse. Wir verbrauchen mehr als wir erwirtschaften können, wir konsumieren einen Wohlstand, den wir nicht verdient haben. Schon jetzt zahlen wir den Preis für dieses Übermaß, indem das Lohnniveau in den vergangenen Jahren für viele Menschen real nicht mehr gestiegen ist. Trotzdem bleiben wir in dem Glauben gefangen, wir können immer so weitermachen wie bisher und es wird schon nichts Schlimmes passieren. Das Beispiel der Länder, die kurz vor dem Staatsbankrott standen und stehen, wie Griechenland, Portugal, Irland, zeigt, dass es zwangsläufige Grenzen gibt, die aber umso schmerzhafter ausfallen, je später sie akzeptiert werden. Und wenn geglaubt wird, dass so etwas Deutschland mit seiner mächtigen Volkswirtschaft nicht passieren kann, dann sei daran erinnert, dass das einstmals auch für die genannten Länder angenommen wurde.

Die Politik hat über Jahrzehnte das Schuldenmachen vorangetrieben, um sich den Menschen scheinbar großzügig zu zeigen und unangenehme Sparmaßnahmen zu umgehen. Ziel war die Wiederwahl – was interessierten da schon die langfristigen Folgen. Es lässt sich als ein Übermaß an mütterlicher Zuwendung und Nachgiebigkeit bezeichnen, wie sich die Politik den Forderungen der »hungrigen Kinder« stellte. Dagegen wird väterliche Begrenzung und das Aufzeigen des real Machbaren zumeist umgangen. Politik wird ihrer väterlichen Funktion nicht gerecht, die Balance zwischen Mütterlichkeit und Väterlichkeit ist längst aus dem Gleichgewicht geraten. Und so wie sich die Parteien in ihrer Auseinandersetzung weniger auf Werte und Wahrhaftigkeit als mehr auf ihre Wahlchancen konzentrieren, so werden finanzpolitische Entscheidungen nicht am Machbaren, sondern an vermeintlichen Wohltaten ausgerichtet. Mitten in der Finanz- und Schuldenkrise, in der wir uns befinden, beschloss die Regierungskoalition im Herbst 2011 eine Steuererleichterung von 6 Mrd. EUR.

Doch es wäre verfehlt, für die Schuldenpolitik allein die Politik verantwortlich zu machen. Reflexhaft begehren gesellschaftliche Gruppen auf, wenn es ans Sparen gehen soll. Das Hauptargument ist dann, dass die geplanten Einsparungen ungerecht sind, was oft auch nicht völlig von der Hand zu weisen ist. Aber gleichzeitig ist ein kollektiver Wille zu vermissen, dieses Problem wirklich in den Griff zu bekommen. Die Ursache lässt sich mit einem Mangel an Väterlichkeit beschreiben. Der Hoffnung auf immer Mehr fehlt die Begrenzung, fehlt die realistische Einschätzung des eigenen Vermögens. Stattdessen gefiel sich die Politik jahrzehntelang darin, Wohltaten auszuschütten, und die Bevölkerung wollte über die Maßen zufriedengestellt werden.

Das markanteste Beispiel, wenn auch nicht der Anfang und das Ende dieses Wahnsinns, sind die Versprechungen im Zuge der Wiedervereinigung. Den DDR-Bürgern wurde gesagt, dass sie sehr schnell den westlichen Wohlstand erreichen, den Menschen der alten Bundesrepublik wurde suggeriert, dass sie keine Einbußen hinnehmen müssen. Bezahlt wurde dies mit der Aufnahme neuer Schulden in bis dahin unbekanntem Ausmaß. Kaum ein Politiker fühlte sich in der Lage, der Bevölkerung reinen Wein einzuschenken. Und sie taten aus ihrer Sicht auch recht daran. Denn die Chance, in die Regierung gewählt zu werden, erhöhte sich in dem Maße, in dem die Illusionen genährt wurden, es könne alles ganz leicht und einfach sein. Väterliche Kraft ist in diesem Handeln jedoch nicht zu erkennen. Diese hätte in einem Aufruf zu einer gemeinsamen, nationalen Kraftanstrengung bestehen können, der die Bevölkerung mitreißt. Das Versprechen wäre ein Gewinn an Gemeinschaft zwischen Ost und West gewesen und die Vision hätte darin bestanden, materiellen Wohlstand gegen ein solidarisches Miteinander einzutauschen. So aber waren zahllose

Vorurteile bis hin zu Kränkungen und Verwerfungen, die teilweise noch bis heute anhalten, die Folge.

Aber es ist keinesfalls sicher, dass die Menschen von den Politikern die Wahrheit hören wollten. Genau genommen wollten sie belogen und in Illusionen gehalten werden. Nur das sicherte die Zustimmung des Volkes bei der Wahl. Es mangelt nicht nur der Politik an Väterlichkeit, sie wird auch von der Bevölkerung selbst abgelehnt, wenn es sich zu unangenehm anfühlt. Und so treffen wir auf die eingangs beschriebene Ratlosigkeit des richtigen Verhaltens gepaart mit der Ablehnung konkreter Schritte, die unangenehm sein könnten.

DIE ABLEHNUNG VON VÄTERLICHKEIT

Wie sehr die Ablehnung von Väterlichkeit verbreitet ist, zeigt nicht nur die Schuldenkrise. Selbst der Wunsch nach Illusionen und die Verweigerung der Realität während des deutschen Vereinigungsprozesses sind beispielgebend, aber keinesfalls singulär. Es handelt sich um alltägliche Phänomene. Festzustellen ist die Ablehnung von Väterlichkeit immer da, wo sie unangenehm wird. Sobald eine Interessengruppe Einschränkungen hinzunehmen hat, werden diese mit Vehemenz abgelehnt. Dabei ist es zumeist völlig egal, unter welchen Zwängen die Entscheidungsträger stehen. Verlassen sie die gewünschte mütterliche Großzügigkeit und treten väterlich begrenzend auf, trifft sie die Wucht des »kindlichen Protestes«.

Ein ganz alltägliches Beispiel:

»Eltern attackieren Schulbürgermeister

... ›Es gibt keine Alternative zum Umzug ihrer Schule während der Sanierung zum Schulstandort Gorbitz‹, sagte Schulbürgermeister Winfried Lehmann (CDU). Einen Tag vor Ferienbeginn hatte er Schüler, Lehrer und Eltern eingeladen, um über den Ausweichstandort während der Sanierung des Hauses ab Februar 2012 zu informieren. ›Wir schaffen es nicht, das für den Umzug vorgesehene Löffler-Gymnasium bis Februar so herzurichten, dass ihre Schule dorthin umziehen kann. Deshalb kommt nur der Leutewitzer Ring in Gorbitz infrage‹, begründete Lehmann. Immerhin plane die Stadt bereits seit 2008 die Sanierung des MCG. ›Ich habe erst seit wenigen Monaten Geld dafür‹, so der Schulbürgermeister. Die von ihm angeführten langen Fristen für Planungen, Ausschreibungen und den Bau stießen auf Unverständnis ... ›Unsere Toleranz ist erschöpft‹, sagte die Schulleiterin Annette Hähner. ›Die Stadt versteht nicht, dass unser Profil als Unesco-Projektschule Kinder aus der ganzen Stadt anzieht, sonst hätte sie die Entscheidung für Gorbitz nicht getroffen.‹«[1]

Es ist die unauffällige Alltäglichkeit, die dieses Beispiel so brisant macht. Es lassen sich täglich Dutzende ähnlicher Nachrichten aus allen Regionen Deutschlands finden. Bürgerinitiativen gegen Stromtrassen, gegen Umgehungsstraßen, für Umgehungsstraßen, für Industrieansiedlung, gegen Industrieansiedlung, gegen Brücken, für Brücken und so fort. Dabei soll keinesfalls geleugnet werden, dass es sich zumeist um schwierige Entscheidungen handelt, von denen Bürger betroffen sind und die daher auch mitreden sollen. Aber am Ende muss eine Entscheidung stehen und die kann es in den seltensten Fällen allen recht machen. Natürlich gibt es meistens gute Gründe, die gegen eine getroffene Entscheidung sprechen. Doch es ist auch nicht anzunehmen, dass diese Gründe nicht abgewogen wurden, wie dies häufig unterstellt wird.

Es gibt eine reflexartige Abwehr gegen Entscheidungen, die unangenehm sind und die die Gewohnheit stören – man könnte auch sagen: die gegen die eigene Bequemlichkeit gerichtet sind. Es gibt einen Mangel an Frustrationstoleranz, der in unserer Gesellschaft Platz gegriffen hat und jede Entscheidung, die ohnehin schwierig ist, noch schwieriger macht. Dabei fällt vor allem die Ablehnung auf, auf die die Entscheidungsträger selbst treffen und die oftmals mit Angriffen auf die eigene Person verbunden sind. Es geht dann nicht mehr nur um eine Sachdebatte, sondern um personenbezogenen Streit.

In diesen emotional geführten Auseinandersetzungen lässt sich die Ablehnung von Väterlichkeit erkennen. Zunächst geht es nicht um die »Vaterfiguren«, als die Politiker stellvertretend fungieren. So lange ihre Entscheidungen angenehm sind, nicht stören oder gar wehtun, gibt es keinen Protest. Der aber setzt sofort ein, wenn die Entscheidungen unangenehm sind. Es wird also ihr »väterliches« Auftreten abgelehnt. Diese Unterscheidung zwischen realen oder stellvertretenden Vätern einerseits und Väterlichkeit andererseits wird uns im weiteren Verlauf noch beschäftigen. Väter sind durchaus gewollt, sie sollen aber nicht väterlich sein. Sind sie es doch, dann trifft die Ablehnung auch ihre Person. Gewollt ist demnach der »unväterliche Vater«. Das ist der entscheidende Punkt, auf den ich mit diesem Buch aufmerksam machen möchte!

Hinter all dem steht zunächst die fest verwurzelte Vorstellung, es könne Wege geben, die einfach und leicht zu gehen sind und die es allen recht machen. Das aber ist natürlich realistisch betrachtet nur selten der Fall. Und so werden getroffene Entscheidungen schnell als Ausdruck der Böswilligkeit der Entscheidungsträger angesehen. Damit wird aus dem Sachthema eine personenbezogene Debatte, die mit Kränkungen einhergeht und bei der es dann schnell um das grundsätzliche Gefühl von Sieg oder Niederlage geht.

Bedeutsam scheint mir dabei, dass es sich hier um eine gesellschaftliche Entwicklung handelt. Die Sachauseinandersetzungen geraten zunehmend in den Hintergrund, die Frustrationstoleranz wird immer geringer. So wie in der Parteiendebatte das Ringen um den besten Weg oftmals der Parteilinie geopfert wird, wird schnell und reflexhaft von unterschiedlichsten gesellschaftlichen Gruppen der Untergang des Abendlandes beschworen, wenn eine Entscheidung nicht ihren Vorstellungen betrifft. Damit wird faktisch jede Autorität bekämpft, sobald sie als Autorität auftritt. Verehrt werden kaum noch die aktiven Entscheidungsträger, sondern höchstens die ehemaligen. Auf das Väterlichkeitsthema bezogen heißt das: Der väterlich auftretende Vater wird bekämpft, die Vaterfigur, die keine Entscheidungsmacht mehr hat, wird akzeptiert.

Die Ablehnung von Väterlichkeit macht deutlich, dass es sich beim Mangel an Väterlichkeit nicht nur um eine Charakterisierung von Politik handelt, sondern dass sie unsere Gesellschaft insgesamt ergriffen hat. Während von den Entscheidungsträgern zu wenig Väterlichkeit gelebt wird, wird das, was noch an notwendiger Entscheidungsmacht vorhanden ist, aktiv abgelehnt. Der Mann im anfangs dargestellten Beispiel konnte die väterlichen Angebote des Leiters nicht annehmen. Das heißt, dass sich seine Erfahrung der Vaterschwäche in seiner Kindheit in eine Ablehnung des Väterlichen überhaupt wendete. Schon als Kind konnte er seinen Vater nicht akzeptieren und diese Haltung setzte er im erwachsenen Leben fort. Der Preis, den er für diese Haltung zu zahlen hatte, bestand in einer Ratlosigkeit in den Situationen, in denen er selbst väterlich gefragt war. In seinem Beispiel wird zudem deutlich, was in den weiteren Ausführungen immer wieder eine zentrale Rolle spielt: Väterlichkeit ist eben nicht allein eine Aufgabe des Vaters, sondern erfordert ebenso das mütterliche Wohlwollen. In seiner Kindheit war das nicht gegeben. Indem die Mutter den Sohn zu »ihrem Liebling« machte, musste er mit dem Vater konkurrieren. Das heißt, dass das Verhalten der Mutter die Ablehnung des Vaters durch den Sohn befördert. Es wird uns in vielen weiteren Beispielen begegnen, dass der Mangel an Väterlichkeit mit einer falschen, zumeist überbordenden Mütterlichkeit korrespondiert.

DER MANGEL AN VÄTERLICHKEIT IM »VÄTERLICHEN« STRAFSYSTEM

Die genannten Beispiele zeigen in all ihrer Unterschiedlichkeit Probleme unseres gesellschaftlichen Handelns, die auf einen Mangel an Väterlichkeit zurückzuführen sind. Es mangelt an Prinzipienfestigkeit, am Festhalten an der Wahrheit statt der Suche nach kurzfristigem Vorteil. Es mangelt an der Übernahme der Verantwortung und der Akzeptanz der aus dem eigenen Handeln resultierenden Folgen. Es mangelt an eindeutiger und nachvollziehbarer Moral. Es mangelt am Ziehen klarer Grenzen. Es mangelt am Durchsetzen des Realitätsprinzips gegen das Festhalten an illusorischen Vorstellungen und Wünschen. Und es mangelt am Bewahren eigener innerer Unabhängigkeit, selbst wenn der Preis dafür Einsamkeit sein mag.

Auffällig ist die Alltäglichkeit der Beispiele. Sie sind austauschbar und fallen in ihrer Bedeutung für das Thema Väterlichkeit kaum auf. Vermutlich wird sich jeder von uns an der einen oder anderen Stelle bei dem Gedanken erwischen: Ist das denn wirklich so schlimm? Politik kann sich nicht nur von der reinen Wahrheit leiten lassen, sie muss pragmatisch sein. Oder: Besser ist zu protestieren, als alles einfach hinzunehmen. Oder: Man kann die Menschen nicht nur mit der nackten Realität konfrontieren, sie wollen sich auch ein wenig die Illusion bewahren, dass alles nicht so schlimm ist. Oder: Wir können die Schulden nicht so schnell zurückfahren, wenn wir eine wirtschaftliche Rezession vermeiden wollen. Oder: Unsere Gesellschaft ist nun einmal nicht ideal, wir müssen uns mit deren Unvollkommenheit abfinden.

All diese Argumente lassen sich nicht einfach beiseite wischen. Sie sind verständlich. Und ich möchte auch keine neue illusorische Utopie einer idealen Gesellschaft errichten. Doch geht es bei der Frage nach der Verfasstheit unserer Gesellschaft nicht um ideale Zustände, sondern um das Verhältnis zwischen einer mütterlich fürsorglichen und gewährenden Haltung und einer väterlich fordernden, strukturierenden, prinzipienorientierten. Und dieses Verhältnis ist im Ungleichgewicht. Natürlich will diese Analyse keine Schwarz-Weiß-Aussage treffen. Es wird kein vollständiges Fehlen von Väterlichkeit behauptet, jedoch eine deutliche Störung zuungunsten der Väterlichkeit, die uns selbstverständlich geworden ist. Wir haben uns damit abgefunden, dass moralische Prinzipien wenig zählen und dass Verantwortung gern bei anderen eingefordert wird, es aber immer wieder zahlreiche Gründe gibt, es mit der eigenen nicht ganz so ernst zu nehmen. Diese Haltung ist so allgegenwärtig, dass sie längst zu unserer Normalität geworden ist.

Ich möchte ein weiteres Beispiel anführen, das den Alltag der meisten Menschen zwar nicht berührt, aber das trotzdem die Verfasstheit unserer Gesellschaft sehr gut aufzeigt. Es handelt sich um Gefängnisse und die Art, wie dort Menschen resozialisiert werden. Das Beispiel stammt aus einer Untersuchung, die ich im Rahmen meiner Promotion »Gesundheitsförderung im Gefängnis« durchgeführt habe.

Ein Gefängnispsychologe:

»Mit Gefangenen, die kurz vor der Entlassung stehen, bilde ich gemeinsam mit der Sozialarbeiterin eine Art Trainingsgruppe. Dort spielen wir Behördengänge und Ähnliches. Beim Haftausgang kurz vor der Entlassung geht die Sozialarbeiterin dann mit und hilft bei den Gesprächen im Sozial-, Arbeits-, Wohnungsamt usw. Problematisch bei dem Ganzen ist, dass die Gefangenen nicht lernen, selbstverantwortlich zu den Behörden zu gehen. Wenn sie es irgendwann allein tun müssen, machen sie es oft nicht. Damit bekommen sie kein Geld, drehen irgendwann wieder ein Ding – weil es einfacher ist, zu klauen als auf ein Amt zu gehen – und landen wieder hier.«
»Nehmen Sie den Gefangenen vielleicht zu viel ab?«
»Na sicher. Aber was soll ich machen? Angenommen ein Gefangener ist bereits zum dritten Mal hier. Der weiß genau, dass er kurz vor der Entlassung zu den Ämtern gehen muss. Der weiß auch, dass er Ausgang beantragen kann. Wenn ihn aber niemand dazu auffordert, wird er sich nicht rühren. Er wird dann zum Termin entlassen. Geht aber auch dann nicht auf die Ämter. Das heißt, dass er ein, zwei Monate früher als mit Hilfe wieder ein Ding dreht. Wenn er dann vor dem Richter steht und gefragt wird, warum er nicht

zum Sozialamt gegangen ist, wird er sagen, dass ihm niemand geholfen hat.

Der Richter wird dem Anstaltsleiter einen Brief schreiben, in dem dieser aufgefordert wird, sich besser um die Gefangenen zu kümmern, die kurz vor der Haftentlassung stehen. Spätestens nach dem dritten derartigen Brief wird auch der Anstaltsleiter reagieren.«[2]

Interessant ist dieses Beispiel, weil es uns in den Alltag einer zentralen, wenn auch oftmals unauffälligen gesellschaftlichen Institution führt. Gefängnisse geraten zumeist nur dann in den Blickpunkt der Öffentlichkeit, wenn etwas Außergewöhnliches, beispielsweise ein Ausbruchversuch stattfand. Aber sie sind nichtsdestotrotz in der Mitte der Gesellschaft angesiedelt. Sie sind staatliche Institutionen und stellen die höchste Strafform unserer Gesellschaft dar. Aber gerade wegen ihrer exklusiven Stellung unterliegen sie den sich verändernden gesellschaftlichen Wertvorstellungen beispielhaft. Wurde seit den sechziger Jahren die Aufgabe der Resozialisierung besonders betont, schlug dies seit den neunziger Jahren in Richtung eines höheren Sicherheitsbedürfnisses um. Dabei wurde Resozialisierung als staatliche Fürsorge für die weitere Entwicklung und Wiedereingliederung der Verurteilten verstanden, während ihr die Sicherheit der Bevölkerung vor den (ehemaligen) Straftätern gegenübergestellt wird.

Es wird in der entsprechenden Fachliteratur viel über diese Verlagerung des gesellschaftlichen Bedürfnisses von der Resozialisierung hin zur Sicherheit diskutiert, zumal das Strafvollzugsgesetz unverändert der Resozialisierung Priorität einräumt. Zu Recht wird in der Fachöffentlichkeit darauf verwiesen, dass das Sicherheitsbedürfnis gegenüber Straftätern Zeichen einer zunehmenden gesellschaftlichen Verunsicherung ist und dass Resozialisierung daher skeptisch betrachtet wird. Den Menschen geht es nicht um die Straftäter, sondern um sich. Und dennoch handelt es sich bei der Frage von Resozialisierung oder Sicherheit um einen Scheingegensatz, der das zentrale Thema unseres Buches berührt. Wenn Resozialisierung als Fürsorge für die Gefangenen verstanden wird, aber nicht als konsequentes Handeln, das die Straftäter zur Übernahme von Verantwortung führt, dann ist es eben keine Resozialisierung im eigentlichen Wortsinn. Es handelt sich vielmehr um Maßnahmen, die das Wegsperren abfedern sollen und die zumeist nur Appellcharakter an das Verhalten nach der Gefängnisstrafe haben. Genau hier liegt das Problem des Gefängnisses. Resozialisierung als Befähigung, künftig die Verantwortung für das eigene Leben so zu tragen, sodass es keine Konflikte mehr mit dem Gesetz gibt, setzt das Erlernen von Verantwortungsübernahme voraus. Doch das wird im Gefängnis konsequent verhindert! Das Gefängnis mag für einen Normalbürger abstoßend und ängstigend erscheinen. Aber es gibt in unserer Gesellschaft kaum einen anderen Ort, an dem so selbstverständlich Unterkunft und Essen gewährleistet sind. Und sie können sich als Inhaftierter destruktiv verhalten, wie sie wollen, Schlafplatz und Nahrung werden sie nicht verlieren. Sie brauchen sich nicht wirklich um irgendetwas zu kümmern. In den zahlreichen Gesprächen, die ich mit Gefangenen führte, fiel mir auf, dass die Gefängnissituation trotz einer oberflächlich anderen Wahrnehmung sehr bequem ist – vor allem was die Stellung zur eigenen Verantwortung betrifft. Und so war eines der zentralen Ergebnisse meiner Untersuchung, dass das Gefängnis als »Ort der Verantwortungslosigkeit« zu beschreiben ist. Dabei ist es besonders bemerkenswert, dass an manchen Stellen die Fürsorge so weit geht, dass dafür Gesetze gebrochen werden, wie ich unter anderem an dem Thema

ASB: Exemplare ____   **338.064.1**
Gcl 1

Stiehler, Matthias:
Väterlos : eine Gesellschaft in der Krise / Matthias Stiehler. - 1. Aufl. - Gütersloh : Gütersloher Verl.-Haus, 2012. - 192 S. ; 23 cm
  ISBN 978-3-579-06657-8 fest geb. : EUR 19.99

Theologe, Männerforscher und "Männerversteher" Stiehler (BA 12/10) dringt, nachdem er das Konzept einer "eigenständigen Männlichkeit" entwickelt hat, zu einem Kernthema dieses Ansatzes vor: der Rolle des Vaters respektive der "Väterlichkeit" als zentralem Prinzip der Gestaltung familiärer wie auch gesellschaftlicher Beziehungen. Im 1. Teil eine Bestandsaufnahme der "väterlosen Gesellschaft" heute, in welcher der "unväterliche Vater" heimisch ist. Der bringt selbst nicht die Kraft auf und die Gesellschaft behindert ihn zugleich, die spezifisch väterlichen Ressourcen, wie Verantwortung, Orientierung, Konsequenz, Begrenzung, Neugierde und Lust am Entdecken ins Spiel und in Deckung mit den anerkannten mütterlichen Merkmalen zu bringen. Als Beleg dienen Fälle aus der Beratungspraxis des Autors. Im 2. Teil entwickelt er die "Merkmale von Väterlichkeit" im Detail, um schließlich seine Vision "von der Väterlosigkeit zur väterlichen Gesellschaft" zu propagieren. Ansätze zur Thematik finden sich bei B.T. Leimbach (ID-G 48/7), H. Seemann (BA 12/09), H. Petri (BA 5/04). - Nicht nur für Männer- und Vaterbewegte. (2)

                                                                             Uwe-Friedrich Obsen

ID-B 50/12   338.064.1

ekz-Informationsdienst   

des durch die Gefängnisleitung angewiesenen Bruchs der ärztlichen Schweigepflicht nachweisen konnte. Um diese Erkenntnis im Kontext des Buchthemas zusammenzufassen: Der väterlichsten aller Institutionen unserer Gesellschaft fehlt es an Väterlichkeit!

Auf der anderen Seite aber wird auch die Frage nach Sicherheit zu unreflektiert gestellt. Denn zum einen besitzen unsere Gefängnisse einen hohen Sicherheitsstandard (das jedenfalls haben sie ohne Zweifel), zum Zweiten wird die beste Sicherheit nach der Entlassung durch ein Resozialisierungskonzept im Gefängnis geboten, das seinen Namen verdient. Und drittens gibt es eben keine völlige Sicherheit. Es wird etwas verlangt, was unmöglich zu leisten ist. Resozialisierung und Sicherheit sind somit kein Gegensatz. Dass sie im Allgemeinen als ein solcher wahrgenommen werden, liegt am Mangel an Väterlichkeit.

Dies gilt zunächst für die Inhaftierten. So lange Resozialisierung eher »mütterlich« im Sinne des Sichkümmerns verstanden wird, stellt sich ein Erfolg nicht wegen, sondern trotz dieser Aktivitäten ein. Resozialisierung ist primär kein Akt für die Gefangenen, sondern für die Gesellschaft. Es gibt für einen Menschen möglicherweise nur wenige Gründe, nicht kriminell zu werden, vor allem wenn er nie ein wirklich gutes Sozialgefüge kennengelernt hat. Aber für die Gesellschaft bedeutet ein Ausbrechen aus dem Normengefüge immer auch eine Infragestellung der eigenen Grundfesten. Resozialisierung ist daher ein gesellschaftliches Gebot. Und als solches muss es den Straftätern nahegebracht werden. Es geht also mehr um Forderung als um Fürsorge.

Das fängt bereits bei der Bestrafung an. Wenn – wie es eben immer noch zu häufig vorkommt – Gerichtsverhandlungen erst Monate nach der Tat und deren Aufklärung erfolgen, stehen Tat und Strafe für den Täter in keinem emotionalen Zusammenhang mehr. Und wenn dann, wie es in der Jugendgerichtsbarkeit immer noch häufig vorkommt, die Urteile gar nicht als Strafen empfunden werden, weil sie mehr die Warnung vor der nächsten Straftat denn als eine wirkliche Strafe anzusehen sind, wird Resozialisierung als Einordnung in das Sozialgefüge bereits dadurch erschwert. Das lässt sich als »Mangel an Väterlichkeit« beschreiben.

An diesem Beispiel wird deutlich, warum wir hier besser von einem Mangel, nicht von einem Fehlen von Väterlichkeit sprechen sollten. Es gibt Strafen, es gibt die Absicht, konsequent zu sein. Kein Richter und auch kein Politiker wird nicht auch väterlich handeln wollen. Aber es scheint in unserer Gesellschaft unsichtbare Linien zu geben, die Väterlichkeit nicht überschreiten darf. Es gibt einen breiten, wenn auch nie öffentlich ausgesprochenen Konsens über eine Begrenzung von Väterlichkeit. Wie sehr der in unser aller Bewusstsein verankert ist, wird sich dem Leser immer wieder an den beschriebenen Beispielen zeigen. Sie werden oftmals so alltäglich erscheinen, dass die darin enthaltene Problematik überrascht. Und es wird Beispiele geben, die Widerspruch hervorrufen. Der Hauptvorwurf wird der der Inhumanität sein, denn die Konsequenzen der aufgezeigten Denkweise erscheinen zu schmerzhaft und vielleicht auch zu verwirrend. Aber deshalb sei betont, dass es mir vielmehr um das Aufzeigen der verdeckten Inhumanität geht, die sich durch einen Mangel an Väterlichkeit in unser Denken, Fühlen und Handeln schleicht. Später werde ich versuchen, die Grenze, der Väterlichkeit in unserer Gesellschaft unterliegt, näher zu charakterisieren.

Für das Gefängnis als Institution könnte Väterlichkeit, die sich nicht von vornherein begrenzen lässt, bedeuten, dass dessen Selbstverständlichkeit als »nährender Mutter« nicht mehr so gegeben ist. Väterliches Handeln bedeutet hier, die *Möglichkeit* bereitzustellen, nicht die Sache selbst.

Es sollte also beispielsweise nicht die Selbstverständlichkeit der Essensbereitstellung geben, sondern nur die Möglichkeit der Essensbeschaffung bzw. -herstellung. Dass dieser Gedanke ungewöhnlich erscheinen mag, verstehe ich. Vielleicht wird er bereits als inhuman empfunden. Doch es ist einer der verbreitetsten Irrtümer, dass dort, wo mütterliche Fürsorge begrenzt wird, die Inhumanität beginnt. In der Konsequenz erscheint mir die Praxis, wie sie der Gefängnispsychologe schilderte, inhumaner – sowohl für die Straftäter als auch für die Gesellschaft.

Auf der anderen Seite aber versagt die Väterlichkeit auch gegenüber der Bevölkerung, die eine quasi absolute Sicherheit, vor allem vor ehemaligen Straftätern verlangt. Zwar werden die meisten Menschen zugeben, dass es keine völlige Sicherheit gibt. Aber in einer konkreten Situation wird sie dennoch erwartet. Und die Medien schüren diese Erwartung, wenn sie im Nachhinein akribisch die Fehler von Institutionen und Verantwortungsträgern aufzeigen. Hier muss uns allen die Wahrheit zuzumuten sein, dass es keine absolute Sicherheit gibt. Und diese Wahrheit darf nicht nur in einem allgemeinen Sinn akzeptiert werden, sondern ebenso im Angesicht einer konkreten Tragödie. Das bedeutet selbstverständlich nicht, dass das Wohl und die Sicherheit der Bevölkerung leichtfertig aufs Spiel gesetzt werden sollten. Aber zu leben bedeutet eben, dass Sicherheit nur begrenzt zu haben ist.

Ich möchte als Zeugen zwei Väter der modernen Sozialforschung bemühen. Zum einen Norbert Elias, der in seinem Grundlagenwerk »Über den Prozess der Zivilisation«[3] beeindruckend darlegte, dass ein Mehr an Sicherheit mit einer Einbuße an Lebendigkeit zu bezahlen ist. Er beschrieb dies anhand der Entwicklung der abendländischen Zivilisation. Die Moderne, so Elias, bietet im Vergleich zum Mittelalter der Bevölkerung mehr Geborgenheit und

Schutz. Aber das bedeutet eben auch, dass wir Impulse zurück- und lebendige Energie festhalten müssen. Völlige Sicherheit aber würde nach diesem Verständnis Tod bedeuten. Auf der anderen Seite aber kann die dem Leben innewohnende begrenzte Sicherheit im konkreten Einzelfall schlimmes Leid bedeuten, das nicht beschönigt werden soll. Doch es gilt, in dieser Ambivalenz zu leben und sie auszuhalten. Das in aller Schmerzhaftigkeit und Möglichkeit deutlich zu machen, ist eine wichtige väterliche Aufgabe.

Emile Durkheim, einer der Gründer der Wissenschaft Soziologie, tat genau dies, indem er in seinem wichtigen Buch »Der Selbstmord«[4] die Anomie, also die Normlosigkeit aufzeigte, die notwendig zu jeder Gesellschaft gehört. Das Verhalten außerhalb gesellschaftlicher Normen ist nicht gewünscht, aber unvermeidlich. Dies ist auch notwendig, um eine Gesellschaft weiterzuentwickeln und Stillstand zu vermeiden. Neue gesellschaftliche Entwicklungen entstehen immer durch eine mehr oder weniger starke Missachtung oder zumindest Nichtbeachtung bestehender Normen. Das mögen manchmal geschätzte Handlungen und Haltungen sein. Etwa wenn Menschen in Diktaturen ihre Angst überwinden und durch Proteste die bisherige Regierung zu Fall bringen. Aber manchmal sind Normverletzungen eben auch bitter und schmerzhaft. Sie können Tod und Leid bringen, Morde, Vergewaltigungen und Versklavungen. Und doch kann es keine Gesellschaft ohne Kriminalität, selbst ohne schwere Kriminalität geben. Es ist wichtig, sich dies immer wieder bewusst zu machen und dieses Bewusstsein auch in der öffentlichen Wahrnehmung zu halten. Väterlichkeit in diesem Sinn bedeutet, unangenehme Wahrheiten zu vertreten.

ARBEITSWELT UND FÜHRUNGSQUALITÄT

Es wäre jedoch ein Irrtum anzunehmen, der Mangel an Väterlichkeit betreffe ausschließlich die gesellschaftspolitische Ebene. Da es hier immer wieder objektive Erfordernisse gibt, Entscheidungen zu fällen, ist diese Ebene immer noch – trotz der angesprochenen Defizite – vergleichsweise väterlich. Der Mangel an Väterlichkeit ist jedoch ebenso und teilweise deutlich stärker im privaten Bereich anzutreffen, aber auch in beruflichen und anderen Zusammenhängen, die zwischen der privaten und der gesamtgesellschaftlichen Ebene liegen. Ich möchte daher das Beispiel des Protagonisten vom Anfang fortsetzen:

Als Konsequenz aus den zunehmenden Schwierigkeiten mit dem Mitarbeiter entschloss sich der Leiter, die Zügel anzuziehen und kurzfristig abrechenbare Leistungen einzufordern und zu kontrollieren. Zudem forderte er ihn auf, sich zu entscheiden, ob er sich künftig in die Arbeit und das Team einordnen will. Nur dann hätte er eine Chance, seine Arbeit besser als bisher zu machen.

Da den Mann diese Frage und vor allem das verschlechterte Arbeitsklima beschäftigten, machte er dies in seiner Supervisorenausbildungsgruppe zum Thema. In dieser Gruppe aber wurde der Mann in der Annahme bestärkt, dass er notwendigerweise unter seinem Leiter leiden muss. Sie begründete das mit der Ansicht, dass sich der Leiter zu wenig der spezifischen Persönlichkeit des Mannes und dessen, was er für gute Arbeitsbedingungen braucht, zuwandte. Der Mann kehrte so von seinem Ausbildungswochenende mit der

Meinung zurück, dass er unter diesem Leiter wirklich nicht arbeiten kann.

Die Haltung der Supervisionsausbildungsgruppe ist interessant – oder soll ich besser sagen: kurios? – denn sie war der festen Meinung, der Mann hätte einen besseren Leiter verdient! Nun lässt sich sicher auch nicht abstreiten, dass Leiter immer besser sein könnten. Aber die Blick- und Zielrichtung der Gruppe verwundert schon. Das lässt sich bereits am Ergebnis erkennen. Der Mann fühlt sich in seiner Ablehnung des Leiters bestätigt und wird in seinem eigenen Handeln kaum angefragt. Damit mag er sich gut gefühlt haben, als er von dem Ausbildungswochenende wiederkam. Aber zugleich konnte er so keinen Weg finden, auf dem er mit der gegebenen Situation besser zurechtkäme. Nach der Logik, dass der Leiter durch sein (vermeintlich) fehlerhaftes Verhalten die Arbeitssituation vergiftet, kann der Mann die Arbeitsstelle nur verlassen. Doch diese Logik übersieht zwei wesentliche Punkte. Zum einen steht der Mann nicht das erste Mal vor einer solchen Situation. Er hat bereits öfter seine Arbeit gewechselt und immer waren »objektiv« schwierige Arbeitsbedingungen daran schuld. Zum anderen wird das Agieren des Mannes gegen den Leiter völlig außer Acht gelassen. So als wäre der Mann vor allem ein Opfer und nicht ein erwachsener Mitarbeiter. Der Supervisionsausbildungsgruppe muss also ein Fehler passiert sein.

Offensichtlich konnte sie es nicht aushalten, dass ein Mitglied, das ein Teil von ihr war und in aller verständlichen Subjektivität seine Situation schilderte, litt. Das vorrangige Bestreben war demnach nicht, dem Mann zu einer wahrhaftigeren Sicht seines eigenen Handelns zu verhelfen und daraus einen Weg aus den bisherigen Schwierigkeiten zu entwickeln. Vielmehr ging es darum, ihn von seinem Leid zu befreien und ihm ein besseres Gefühl zu ermöglichen. So wird ihm scheinbar die Schuld an der Situation genommen, indem sie seinem Chef zugeschoben wird. Dabei wird ihm jedoch zugleich die Eigenverantwortung genommen und er wird in eine Situation gedrängt, die ihm so nur noch das Weggehen ermöglicht.

Dramatisch an dieser Schilderung ist die Tatsache, dass diese Gruppe nicht der Stammtisch in der Eckkneipe war. Von dort mag man es erwarten, dass es eher um bierselige Bestätigung des eigenen Handelns und um das Schimpfen auf »All die anderen, die sich immer so falsch und unfair benehmen« geht. Aber in diesem Fall war es eine Gruppe, die sich in einer Supervisionsausbildung befindet und die von Lehrsupervisoren geleitet wird. Die geschehenen Fehler lassen sich also nicht durch Alkoholeinfluss erklären und auch nicht durch Unwissen und Unerfahrenheit. Vielmehr zeigt sich auch hier wieder ein Mangel an Väterlichkeit. Denn zum einen wird die Väterlichkeit des Arbeitsstellenleiters abgelehnt. Indem dessen Handeln als zu geringe Fürsorglichkeit charakterisiert wird, die das Leiden des Mannes erst verursachen würde, wird seine Autorität untergraben. Kritisiert wird nicht die Tatsache, dass dieser zu lange der stillen Verweigerung des Mannes, die gestellten Aufgaben zu erfüllen, zugesehen hat – das jedenfalls wäre meine Kritik an dem Leiter. Kritisiert wird, dass er nun durchgriff, dass er sich zu »väterlich« benahm.

Zum anderen handelte der Ausbildungsgruppenleiter selbst nicht väterlich, indem er sich scheute, den Mann mit seinen Widerständen zu konfrontieren und dessen untergründiges Konkurrenzverhalten aufzudecken. Er war damit nicht bereit, ein Risiko einzugehen und vielleicht selbst nicht für so gut befunden zu werden – denn immerhin zeichnet sich unser Protagonist durch eine starke Vaterablehnung aus. Somit ging der Leiter den einfachen Weg und verschaffte dem Mann ein gutes Gefühl, auch wenn das letztlich zu nichts führte. Zugleich stilisierte er sich als der bessere Leiter, da er doch dem Mann »so gut tat«.

Es soll nicht geglaubt werden, dass dies ein Einzelfall ist. In Supervisionen habe ich es selbst erlebt und ist mir auch öfter geschildert worden, dass die Arbeitsteams dadurch miteinander »versöhnt« werden sollten, dass gegen die Leitungsebene oberhalb der supervidierten Gruppe Stimmung gemacht wurde. Mit solch einer Einschätzung findet die Gruppe erst einmal wieder zusammen und der Supervisor kann sich des Wohlwollens der Teilnehmer sicher sein. Jedoch wird sich die Zusammenarbeit des jeweiligen Teams nicht wirklich verbessern und die eigenen Konflikte schwelen untergründig weiter. Natürlich gehe ich nicht davon aus, dass solche Supervisionen der Regelfall sind. Aber dass eine derartige Abwehr von Väterlichkeit im professionellen Bereich überhaupt geschieht – und zwar nicht nur als Einzelfall – ist bedenklich und wirft ein bezeichnendes Licht auf die gesamtgesellschaftliche Haltung gegenüber Väterlichkeit.

Das belegt auch ein Übersichtsartikel zum Thema »Führungsverhalten und Gesundheit«[5]. In ihm werden Untersuchungen dargestellt, die den Einfluss des Verhaltens von Führungskräften auf die Gesundheit der Mitarbeiter thematisierten. Interessant sind dabei die Punkte, die von den Wissenschaftlern als gesundheitsschädlich oder gesundheitsfördernd klassifiziert werden. Unter den, die Gesundheit fördernden (sog. Ressourcen) finden wir vor allem »soziale Unterstützung durch den Vorgesetzten«, während zu den Risikofaktoren (sog. Stressoren) unter anderem »Ungeduld des Vorgesetzten«, »beleidigendes Vorgesetztenverhalten« und »Vorgesetzte, die Anmerkungen bzw. Meinungsverschiedenheiten der Mitarbeiter persönlich nehmen« gezählt werden. Gesundheitsfördernd ist nach dieser Ansicht also mütterlich zugewandtes Verhalten, während forderndes Verhalten als gesundheitsschädigend angesehen werden muss.

Die Fragen, die solche Untersuchungen aufwerfen, sind dreierlei: Erstens ist zu fragen, ob es jenseits der dargestellten Alternativen auch noch andere Formen gibt, die väterlich-fordernd sind und trotzdem gesundheitsfördernd wirken. Ob also nicht bereits die in den Untersuchungen angelegte Vorstellung, »mütterlich-zugewandtes« Verhalten sei grundsätzlich positiv zu bewerten, eine Abwehr von Väterlichkeit darstellt. Denn natürlich – und auch dieser Punkt wird uns im Weiteren beschäftigen – geben Betroffene zumeist aus einem kurzfristigen Empfinden heraus an, dass ihnen zugewandtes Verhalten mehr hilft. Dies ist jedoch keinesfalls immer der Fall und eine solche Einschätzung bedarf der Differenzierung.

Zweitens wird bei der Einschätzung dieser Merkmale von Führungsverhalten zu wenig mit der Charakterisierung des Führungsstils »transformationale Führung« verglichen. »Transformationale Führungskräfte verstehen es, Begeisterung und Zuversicht zu erzeugen, sie können andere mitreißen; sie werden als Vorbilder wahrgenommen und vermitteln bei ihren Mitarbeitern ein Gefühl des Stolzes und der Wertschätzung«[6]. Es gibt Untersuchungen, die gerade diesen Führungsstil als besonders gesundheitsfördernd belegen und hier ist das Zusammenspiel zwischen guter (und eben vor allem väterlicher) Führung und dessen Akzeptanz durch die Mitarbeiter zu betonen. Doch dieser Aspekt wird in der beschriebenen Untersuchung zugunsten einer positiven Bewertung mütterlich-fürsorgender Leitungsmerkmale vernachlässigt. Das führt uns zum dritten Punkt, der Untersuchungen von »Führungsverhalten und Gesundheit« besonders einseitig erscheinen ließe: Es wird hier nur eine handelnde Seite betrachtet, so als lässt sich der Leiter als einziger Akteur verstehen und die Mitarbeiter als passive Empfänger seines Handelns. Dabei weiß jeder, der jemals in einem Team gearbeitet hat, dass die Mitarbeiter eine große Macht haben. Damit soll nicht – quasi in einer Gegenreaktion – der Einfluss der Führungsebene vernachlässigt werden. Aber das Verhältnis zwischen Leitern und Mitarbeitern muss dynamisch verstanden werden. Das heißt, dass keine angemessene Betrachtung von Führungsverhalten und dessen Wirkung auf die Gesundheit erfolgen kann, wenn nicht zugleich das Verhalten der Mitarbeiter und deren Wirken auf das Arbeitsklima angeschaut wird. Erst dann werden die Mitarbeiter als eigenständige Akteure verstanden – und zwar selbst in prekären und autoritär gestalteten Arbeitsverhältnissen.

Ich gehe davon aus, dass diese Sichtweise eine Selbstverständlichkeit zum Ausdruck bringt, auch wenn sie in unserer Gesellschaft keinesfalls selbstverständlich ist. Dies bedeutet umgekehrt nicht, dass nicht auch viele Mitarbeiter unter ihnen aufgezwungenen Arbeitssituationen und Führungsstilen leiden. Eine interessante Frage ist dann aber, wie sie diese Situation durch ihr Verhalten zu bewältigen versuchen oder vielleicht auch verstärken. Ich habe zu lange in der DDR gelebt, um nicht zu wissen, dass bedrückende Verhältnisse nicht auch eine Gewinnseite haben: Das berechtigte und alternativlose Meckern über die Situation entlastet eben auch.

Umgekehrt aber besitzen die Mitarbeiter ebenso die Macht, eine Arbeitssituation arbeits- und gesundheitsschädigend zu beeinflussen. Unser Beispiel des Mannes, der seine biografisch bedingte Ablehnung des Vaters an seinem Leiter abreagiert, zeigt ein solches Verhalten. Und solche Konstellationen sind verbreiteter als gedacht. Natürlich muss dann die Führungsebene reagieren. Aber welche Grenzen werden hier durch die Gesellschaft gezogen?

Eine Leiterin:

»Natürlich nutze ich die Probezeit, um zu sehen, ob es mit den Mitarbeitern funktioniert. Selbstverständlich habe ich ein großes Interesse daran, dass es klappt. Wenn ein Mitarbeiter oder eine Mitarbeiterin während der Probezeit gekündigt werden muss, ist das immer schlecht für mich und das Team. Wir brauchen ja jeden und auch das, was in die Einarbeitung investiert wurde, war dann umsonst. Also leicht tue ich mich mit einer Kündigung in der Probezeit nicht.
Nun hatte ich eine Mitarbeiterin, mit der es wirklich schwer war. Sie bemühte sich ja. Aber es war zweifelhaft, ob sie den Anforderungen wirklich genügte. Ich war mir unsicher, hoffte aber noch. In der Mitte der Probezeit führte ich mit ihr ein Personalgespräch und teilte ihr meine Bedenken mit. Zugleich sagte ich ihr aber auch, dass ich hoffte, es würde sich bessern.
Vier Wochen danach teilte sie mir mit, dass sie schwanger ist. Ich begriff zunächst nicht, was das bedeutet. Erst unser Personalleiter machte mir klar, dass die Mitarbeiterin damit ihre Probezeit außer Kraft gesetzt hat und nun unter Mutterschutz steht.

Es besteht kein Zweifel, dass Mutterschutz gut und wichtig ist. Aber hier gibt es noch ein weiteres Interesse, nämlich das an einem funktionierenden Arbeitsteam. In einer Entscheidung zwischen diesen beiden Interessen hat sich der Gesetzgeber für den Mutterschutz und gegen den Sinn der Probezeit entschieden. Doch wie wirkt sich das aus? Die Möglichkeit, sich über den Mutterschutz einer Probezeit zu entziehen, muss negative Konsequenzen für das Arbeitsklima haben. Die Leiterin wird dieser Mitarbeiterin kaum mehr vertrauen können.

Das Gegenargument wird sein, dass im anderen Fall die Gefahr bestünde, der Frau würde deshalb gekündigt, weil von Arbeitgebern schwangere Frauen und junge Mütter als Belastung empfunden würden und sie deshalb nicht erwünscht sind. Es würden also gerade die sachlichen Argumente einer fachlichen Befähigung nicht mehr zählen. Dass diese Gefahr real ist, ist kaum zu leugnen. Deshalb ist Mutterschutz auch wichtig. Allerdings muss ebenso beachtet werden, dass es sich bei der Probezeit um einen begrenzten Zeitraum handelt. Und so lässt sich fragen, ob nicht während dieses halben Jahres ein Mutterschutz ausgeschlossen werden kann, der jedoch dann greift, wenn die sachlich-fachliche Prüfung abgeschlossen ist.

Dieses Beispiel macht sehr gut deutlich, dass Mütterlichkeit und Väterlichkeit in einem ausgewogenen Verhältnis zueinander stehen müssen. Der gesetzlich verankerte Mutterschutz ist als ein »mütterliches Handeln« des Staates zu verstehen, während eine Probezeit als »väterliche Forderung« zu sehen ist. Wenn es möglich wird, dass die »mütterliche Zuwendung« des Mutterschutzes dazu genutzt wird, Väterlichkeit zu begrenzen, kann der berechtigte Schutz missbraucht werden. Ebenso wäre es unverantwortlich, den Mutterschutz gänzlich aufzuheben und damit der Willkür die Tür zu öffnen. Es ist der Ausgleich, der hergestellt werden muss.

Der Vorschlag, den Mutterschutz erst nach der Probezeit wirksam werden zu lassen, setzt natürlich die Einsicht voraus, dass das einer Frau zumutbar ist. Sie würde nicht als passive Empfängerin grober Ungerechtigkeiten, vor denen sie geschützt werden müsste, definiert. Sondern als Akteurin, der zuzumuten ist, Verantwortung für die Konsequenzen ihres Handelns zu übernehmen. Es ist jedoch zu befürchten, dass diejenigen, die die Meinung vertreten, Mutterschutz dürfte erst nach einer Probezeit greifen, als sozial kalt und eventuell sogar Frauen abwertend bezeichnet werden. Doch dabei wird übersehen, wie sehr ein manchmal zu starker staatlicher Schutzmantel genau das verhindert, was er eigentlich ermöglichen soll: ein konstruktives Arbeitsmiteinander. Und um es noch einmal zu betonen: Es geht nicht um den Schutz der Führungsebene vor den »ach so bösen Mitarbeitern«. Es geht vielmehr um die Ablehnung von Einseitigkeiten, um die Vorstellung, eine Seite wäre grundsätzlich das Opfer, während die andere grundsätzlich gegen Erstere arbeitet.

Somit zeigen auch Beispiele aus der Arbeitswelt den Mangel an Väterlichkeit. Sie verdeutlichen, dass die Väterlosigkeit allgegenwärtig und so selbstverständlich ist, dass wir sie nur bei genauerem Hinsehen wahrnehmen – falls wir dies überhaupt wollen. Es wird aber zugleich deutlich, dass die jeweiligen Anforderungen an die »Vaterfiguren«, zu denen zweifelsfrei die Vorgesetzten zu rechnen sind, besonders hoch sind. Es werden kaum Fehler akzeptiert. Wenn sich Mitarbeiter beispielsweise darüber beschweren, dass »Vorgesetzte, die Anmerkungen bzw. Meinungsverschiedenheiten der Mitarbeiter persönlich nehmen«[7], dann mag diese Kritik vielleicht berechtigt sein. Aber gleichzeitig wird mit der gleichen Selbstverständlichkeit das Verhalten der Vorgesetzten von den Mitarbeitern »persönlich genommen« und als gesundheitsschädigend klassifiziert. Wir haben es hier also mit einem Phänomen zu tun, das als drittes Merkmal dem Mangel an und der Ablehnung von Väterlichkeit zur Seite zu stellen ist: die überhöhten Erwartungen an väterliches Handeln. Grundlage dieses dritten Merkmals ist eine Sehnsucht nach Väterlichkeit, die mit der Erwartung verbunden ist, die »Vaterfiguren« bzw. der Repräsentant, die Repräsentantin von Väterlichkeit mögen so sein, wie die Betroffenen es erwarten. Erwartet wird aber bei genauer Betrachtung häufig keine wirkliche Väterlichkeit, sondern vielmehr Fürsorge und Schonung. Man betrachte nur die Supervisionsausbildungsgruppe, die die Qualität des Leiters an dessen »Mütterlichkeit« misst. Wie es kommt, dass auch von »Vaterfiguren« im Berufsleben wie anderswo vor allem mütterliche Eigenschaften erwartet werden, wird im zweiten Teil dieses Buches zu klären sein. Zunächst aber ist festzustellen, dass die drei Merkmale des Umgangs mit Väterlichkeit in unserer Zeit einander bedingen. Dem erlebten Mangel an Väterlichkeit entspricht die aktive Ablehnung, und sie wird um so stärker, je mehr die erlebte Väterlichkeit nicht den Erwartungen entspricht. Und die Erwartungen gestalten sich wiederum so, dass es dabei eben nicht um Väterlichkeit geht.

KONFRONTATIONSLOSE SOZIALE ARBEIT

Dass Sozialpädagogik in einem Buch über Väterlichkeit besondere Aufmerksamkeit verdient, sollte nicht verwundern. Denn es geht um Pädagogik, die sich die Erziehung zum konstruktiven sozialen Handeln zur Aufgabe gemacht hat. Es wird also eine soziale Reifung angestrebt, die von den Pädagogen mütterliches wie väterliches Handeln erfordert. Ohne dass diese Prinzipien in den Blick geraten und bewusst umgesetzt werden, kann Sozialpädagogik ihren Auftrag nicht erfüllen. Und doch ist im Bereich der Sozialen Arbeit die Ablehnung von Väterlichkeit besonders ausgeprägt, sodass sie fast als ihr Markenzeichen angesehen werden kann. Das fällt schon durch einfache Beobachtungen auf. So werden Jugendliche als Klientel von Sozialer Arbeit fast immer geduzt. Das gilt auch für die Sozialarbeiter untereinander, selbst wenn sie sich vorher noch nie gesehen haben. Ebenso werden zeitliche Absprachen oft nur als ungefähre Angaben angesehen, wobei es ein Zeichen von Überlastung und damit von Gebrauchtwerden ist, zu spät zu kommen (»Wer pünktlich ist, hat nicht genug zu tun.«). Doch das bezeichnendste Merkmal mangelnder Väterlichkeit in der Sozialen Arbeit ist das vorrangige Ziel vieler Sozialarbeiter, von den Klienten gut gefunden zu werden.

Ein Präventionsarbeiter:

»Es war eine Veranstaltung in einem Haus des Vereins geplant. Dort wohnen Jugendliche zwischen 14 und 17 Jahren und werden dort rund um die Uhr betreut. Ich sollte mit Jungen über Körper, Sexualität, Verhütung und so etwas sprechen. Ich war auch zur verabredeten Zeit da. Aber nichts war vorbereitet. Die Hälfte der Jungs war auch nicht da, die kamen später. Und die, die da waren, wussten von nichts. Der Betreuer sah das ganz gelassen. »Das kriegen wir schon hin«, meinte er. Die Veranstaltung fing dann eine dreiviertel Stunde später an und wurde nach einer weiteren halben Stunde noch einmal unterbrochen, weil die bisher fehlenden Jungs hinzukamen. Ich war ganz schön geladen, zumal die Jungs anfangs überhaupt keine Lust zu haben schienen. Ich habe dann auch erst einmal ihre Lustlosigkeit und Situation zum Thema gemacht und allmählich wurden sie offener. Zum Schluss waren sie ganz interessiert und die Stimmung war deutlich besser. Ich habe dann eine Stunde länger gemacht, als ursprünglich vereinbart. Aber wir hatten ja auch später angefangen.«

Das dargestellte Beispiel zeigt, wohin mangelnde Väterlichkeit führen kann: Jugendliche, die aus problematischen

Verhältnissen kommen und nun lernen sollen, dass zum sozialen Leben Verbindlichkeit, Respekt und Achtsamkeit gehören, bekommen von ihren Betreuern genau das Gegenteil vorgelebt. Ein Gast wird eingeladen und gebeten, etwas für den Verein zu tun. Und doch wird er ganz selbstverständlich unwürdig behandelt – jedoch nicht von den Jugendlichen, sondern von den Betreuern. Erklärbar ist das nur, weil es ihnen zu anstrengend scheint, den Jugendlichen eine Struktur vorzugeben, weil sie Angst haben, dann nicht mehr gut gefunden zu werden, weil sie sich durchsetzen müssten und weil sie selbst nicht gelernt haben, dass es wichtig ist, Strukturen einzuhalten.

Interessant ist aber auch das Verhalten desjenigen, der diese Strukturlosigkeit unmittelbar zu spüren bekommt, des Präventionsarbeiters. Er sagt zwar, dass er sich ärgerte. Aber er zieht daraus keine Konsequenzen und hält letztlich auch die Struktur nicht ein, sondern führt seine Veranstaltung länger fort als ursprünglich vereinbart. Und somit vermittelt er jenseits aller vielleicht wirklich sinnvollen Lerninhalte, dass es doch nicht so schlimm ist, Strukturen nicht einzuhalten und mit anderen Menschen respektlos umzugehen.

Respektlosigkeit scheint eines der verbreitetsten Verhaltensmerkmale der heutigen Zeit zu sein. Ich arbeite seit fast zwanzig Jahren in einer Beratungsstelle, die anonyme HIV-Tests anbietet. Es kommen also Menschen, häufig im Alter zwischen zwanzig und dreißig Jahren, und möchten einen HIV-Test machen. Und in den letzten Jahren treten sie zunehmend vor mich hin, die Hände tief in die Hosentaschen vergraben und sagen: »Test«. Ich gestehe, dass es nicht immer leicht fällt, in einer solchen Situation gelassen zu bleiben. Am liebsten würde ich sagen: »Hat Ihnen denn Ihr Vater nicht beigebracht, dass man die Hände aus den Taschen nimmt und in ganzen Sätzen spricht?« Aber hier passiert mir genau das, was ich selbst als Mangel an Väterlichkeit sehe:

Ich möchte nicht sofort die Atmosphäre stören und lieber das zum HIV-Test gehörende Eingangsgespräch nicht belasten. Also halte ich mich zurück. Manchmal spreche ich die Anfangssituation an, wenn das Beratungsgespräch dies nahelegt. Aber oft sage ich mir eben auch, dass ich nicht jeden erziehen kann und will.

Von solcherlei Formen von Respektlosigkeit können sicher viele berichten, die aufmerksam genug sind, sich daran noch zu stören. Das ist keinesfalls nur auf eine Aids-Beratungsstelle beschränkt. Doch diese jungen Menschen sind nur in den seltensten Fällen bösartig. Es fällt ihnen nur einfach nicht auf, dass das unhöflich ist. In der Aids-Beratung kommt es sogar vor, dass jemand in aller Unschuld fragt: »Kann ich bei euch einen Aids-Test machen?«, denn er ist der Meinung, dass sich in der Aids-Szene ohnehin alle duzen. Dass vor ihm ein Mann steht, der vielleicht doppelt so alt ist wie er selber, wird gar nicht richtig wahrgenommen.

Im Bereich der Sozialen Arbeit wird Väterlichkeit besonders häufig abgelehnt. Es handelt sich nicht nur um Einzelbeispiele, sondern ist geradezu zum Wesensmerkmal dieses Tätigkeitsgebietes geworden. Soziale Arbeit ist eine Intervention, die den Betroffenen zu einem würdigeren, sozialeren, eigenverantwortlicherem Leben verhelfen soll. Auch wenn die Historie der sozialen Arbeit durchaus von einem wechselhaften Verständnis geprägt war, ist heute der Fürsorgegedanke dominierend. Das bedeutet in der Regel ein fast grenzenloses Verständnis für das Klientel, sei es auch rechtsradikal, gewalttätig oder straffällig. Nun ist die Notwendigkeit von Verstehen und Empathie nicht abzustreiten. Aber auch hier geht es um die richtige Balance. Nicht nur »mütterliches Verständnis«, sondern ebenso »väterliche Konfrontation« ist notwendig – also für das Abwenden von Not entscheidend. Wolfgang Tischner, Pädagogikprofessor in Nürnberg, schreibt:

»Es wurde eingangs die These vertreten, dass es eine Erziehung ohne Konfrontation nicht geben könne, Konfrontation somit ein essenzielles Prinzip von Erziehung ausmache. Diese Position sei im Folgenden, trotz gewisser, weiter oben geäußerter Bedenken, aus Gründen der systematischen und prägnanten Darstellung als Konfrontative Pädagogik bezeichnet. Diese steht im Gegensatz zu Positionen – ich bezeichne sie als solche der hegemonialen Mütterlichkeit –, die in ihrer extremen Variante glauben, Erziehung in ihrem Kern abschaffen und das Erwachsenwerden des Kindes der Selbstentfaltung und Selbstregulation seiner Kräfte überlassen zu können. Jede gegenwirkende erzieherische Intervention, insbesondere grenzsetzender und konfrontativer Art, wird in völlig lebensfremder Weise abgelehnt, der Umgang des Erwachsenen mit dem Kind, der einen ›partnerschaftlichen‹ Charakter haben soll, auf verständnisvolles Bestätigen und unterstützende Akte reduziert. Eine so verstandene ›moderne Erziehung‹ ist, sofern man überhaupt noch auf den Begriff ›Erziehung‹ zurückgreift, eine solche der Konfliktvermeidung, welche die Entwicklungserfordernisse des Kindes missachtet und die Reifung seiner Persönlichkeit sabotiert.«[8]

Tischner beklagt die Vermeidung von Konfrontation in der Pädagogik, insbesondere in der Sozialpädagogik. »Diese (auffälligen und delinquenten – M. St.) Kinder und Jugendliche benötigen einen besonders klaren und verbindlichen Ordnungsrahmen, welcher ihnen von außen das gewährt, was ihnen in ihnen selbst und in ihrem Verhalten fehlt: Halt und Orientierung, Die Verbindlichkeit des Ordnungsrahmens kann nur dadurch gewährleistet und sichtbar demonstriert werden, dass auf jeden Verstoß gegen ihn mit aller Deutlichkeit reagiert wird.«[9] Dieses konsequente Handeln gegenüber Normverstößen bezeichnet Tischner als die »väterliche Seite der Erziehung« und er stellt zugleich fest, dass diese Seite gegenüber der »mütterlichen« in der heutigen Sozialen Arbeit stark vernachlässigt wird. Er spricht in diesem Zusammenhang von einer »Feminisierung der Pädagogik«, wobei er damit nicht ausschließlich die Tatsache meint, dass in Kinderhäusern und Grundschulen vor allem weibliche Pädagogen arbeiten. Er beobachtet vielmehr eine »tiefgreifend veränderte pädagogische Haltung«[10]. Diese äußert sich im »Vermeiden von Konflikten und dem Pflegen emotional warmer, authentischer und empathischer Beziehungen«.[11] »Denn nichts wird von Sozialpädagogen, die – als Angehörige helfender Berufe – von ihren Klienten gewöhnlich geliebt werden wollen, mehr gefürchtet, als den ›guten Draht‹, den man zu dem Jugendlichen zu haben glaubt, durch ein leichtfertiges Beharren auf Recht und Ordnung zu verlieren.«[12]

Tischner zeigt aber nicht nur das Konfrontationsdefizit in der alltäglichen Sozialen Arbeit auf, er verweist auch auf die ideologiegeschwängerten Debatten, die der grundsätzlichen Abwehr väterlicher Elemente in der Pädagogik dienen. Beispielgebend sieht er die Frage der geschlossenen Unterbringung, die reflexhaft als »Wegsperren« und »Einschließen« gebrandmarkt wird, ohne dass sich auf eine inhaltliche Debatte eingelassen wird, unter welchen Bedingungen solche einschneidende Maßnahmen notwendig sind. Schlagwörter wie »Schwarze Pädagogik« ersticken Diskussionen im Keim und wehren Väterlichkeit ab.

Wir haben es hier also nicht allein mit Einzelbeispielen und zufälligen Erscheinungen zu tun. Es geht vielmehr um die Struktur der Sozialen Arbeit, um ihr Fundament. Dem Einzelnen kann noch der Vorwurf gemacht werden, er sei nicht konsequent genug. Und natürlich ist auch jeder Sozialarbeiter und Sozialpädagoge anzuhalten, die väterliche Seite seiner Arbeit umzusetzen. Aber entscheidender ist, dass dieses so wichtige gesellschaftliche Feld von einem grundsätzlichen Mangel an Väterlichkeit betroffen ist.

Das zeigt sich schon daran, wie sich die »beruflichen Väter« der Sozialpädagogen, die Professoren an Universitäten und Fachhochschulen gegenüber ihren Studenten verhalten. Auch hier möchte ich Ausnahmen nicht abstreiten. Ich habe allerdings an mehreren Einrichtungen als Lehrbeauftragter gewirkt und immer eine Laissez-faire-Haltung der Lehrenden gegenüber der Verbindlichkeit von Strukturen feststellen müssen. So war es an einer Universität sogar üblich, dass Studenten bis zu einer dreiviertel Stunde zu spät kamen, was der Hälfte der Vorlesungszeit entspricht, und die ersten Studierenden bereits ab diesem Zeitpunkt die Vorlesung wieder verließen. Es gab ein selbstverständliches Kommen und Gehen während der gesamten Zeit und die Studenten waren überrascht, dass ich mir dies verbat. Einer sagte mir sogar, dass er es sich als erwachsener Mann nicht verbieten lasse, auf die Toilette zu gehen, wann er es wolle. Ich antworte ihm, dass es Zeichen des Erwachsenseins ist, seinen Harndrang eineinhalb Stunden kontrollieren zu können und setzte pünktliches Kommen und Gehen zur Bedingung. Einige der Studenten blieben daraufhin weg, andere freuten sich über diese Klarheit. Allerdings wird ein einzelner Lehrbeauftragter keine Änderung bewirken können.

Es ist also zu fragen, was für eine Sozialpädagogik den Studierenden hier gelehrt wird. Intellektuell sind die vermittelten Inhalte sicher nicht zu beanstanden. Aber durch die Beziehungsgestaltung werden ebenso Weichen gestellt, insbesondere wenn es um *Sozial*pädagogik geht. Und in dieser Form der Erziehung zu Sozialpädagogen gibt es oft erhebliche Defizite. Es überwiegt die Seite des Verständnisses und der Akzeptanz. Diese positive Konnotierung lässt sich aber auch als Interessens- und Beziehungslosigkeit verstehen. Und zumindest Letzteres ist in der Sozialen Arbeit weit verbreitet und nimmt ihren Ausgangspunkt in der Ausbildung der Sozialpädagogen.

Am Beispiel der Sozialen Arbeit wird zweierlei für das übergreifende Thema »Väterlichkeit in der Gesellschaft« deutlich: Erstens hat die Väterlosigkeit Eingang in die Strukturen unserer Gesellschaft gefunden. Das Beispiel des Gefängnisses hat das bereits verdeutlicht. Denn dort handelt es sich um die Institution mit der höchsten Sanktionsgewalt in unserer Gesellschaft, mithin sollte es sich also um die väterlichste Einrichtung handeln. Und doch müssen wir bereits hier feststellen, dass grundlegende Prinzipien von Väterlichkeit unterlaufen werden. Und das liegt keinesfalls an den einzelnen Personen, die zumeist um das Beste bemüht sind. Es ist systemimmanent, es entspricht dem Zustand unserer Gesellschaft, die von einem Mangel an Väterlichkeit geprägt ist. Das Beispiel des Gefängnispsychologen zeigt, dass Wissen allein nicht reicht und es schwer ist, gegen die eingefahrenen Gleise anzukämpfen: Man hat zu schnell ein ganzes System gegen sich.

Und in diesem Punkt ist auch der Bereich der Sozialen Arbeit durch eine Jahrzehnte währende Praxis einseitig »mütterlich« geprägt. Die Fürsorgehaltung ist allgegenwärtig und alltäglich unauffällig. Untermauert wird dies durch Ideologien, die oftmals ebenso selbstverständlich scheinen. Die offensichtlichste, mit der wir uns im Verlauf des Buches noch auseinandersetzen müssen, ist die des Vorwurfs der Inhumanität, wenn väterliches Handeln als allzu hart und unnachgiebig empfunden wird.

Die zweite Einsicht, die uns die Betrachtung der Sozialen Arbeit vermittelt, ist die Beziehungslosigkeit, die aus einem Mangel an Väterlichkeit heraus entsteht. Denn wenn ich nicht bereit bin, meine Regeln durchzusetzen, mute ich mich dem anderen nicht zu und löse mich so von ihm. Das scheint paradox, wenn wir erkennen, dass die Ablehnung von Konfrontation aus einer Sehnsucht nach Geliebt- oder zumindest Gutgefundenwerdenwollen resultiert. Und doch kann eine Beziehung nur dann jenseits oberflächlicher Empfindungen bestehen, wenn sich beide Beziehungsseiten einander zumuten. Dass dies die Jugendlichen oder auch andere Klientel Sozialer Arbeit tun, muss nicht bezweifelt werden. Abweichendes Verhalten hat – egal, wie es sich im Einzelnen gestaltet – immer einen, die Beziehung herausfordernden Charakter. Aber sind die Sozialpädagogen ebenso bereit, die Beziehung aufzunehmen? Das würde bedeuten, dass sie das Verhalten ihres Klientels ernst nehmen und ihre eigenen Regeln entgegensetzen. Und Väterlichkeit heißt dann auch, dass sie ihre Regeln letztlich durchsetzen müssen. Denn wenn die Adressaten sozialpädagogischer Intervention mit ihrem abweichenden Verhalten gewinnen, haben sie letztlich verloren. Ich befürchte, dass dies innerhalb der Sozialen Arbeit immer noch zu häufig geschieht.

HILFLOSE PARTNERSCHAFTEN

Wenn ein Mangel an Väterlichkeit in weiten Teilen der Gesellschaft, von der Politik bis in die Berufswelt hinein zu beklagen ist, so deshalb, weil sich dieser strukturell verfestigt hat, also bis in das als selbstverständlich erachtete Verhalten der Menschen und in die Institutionen hinein auswirkt. Der Mangel an Väterlichkeit ist also als Normalität und zugleich als normgebend in unserer Gesellschaft einzuschätzen. Und doch sind es die Menschen, die mit ihrem Verhalten und ihren Haltungen den Mangel an Väterlichkeit im Konkreten immer wieder herstellen. Es handelt sich um ein gesamtgesellschaftliches Phänomen, das aber im Tun des Einzelnen und in den nahen sozialen Bezügen immer wieder reproduziert wird.

Es nimmt daher nicht wunder, wenn im persönlichen Bereich, auf der Ebene der Partnerschaften und der Familien die Abwehr von Väterlichkeit, die sich im Mangel, in der Ablehnung und den falschen Erwartungen zeigt, besonders verbreitet ist. Da der Mangel an Väterlichkeit, wie im zweiten Teil noch zu beschreiben sein wird, seinen Ausgangspunkt in der familiären Sozialisation nimmt, sind die privaten Beziehungen in vielerlei Hinsicht von ihm durchdrungen, auch wenn sich die Gesellschaft und Privatsphäre natürlich wechselseitig beeinflussen.

EINE PAARBERATUNG:

Das Paar berichtet gemeinsam, dass sie mehr Sex haben wollen. Da seien sie sich auch einig, aber es fehle immer wieder an Zeit und Gelegenheiten. Auf Nachfragen des Beraterpaares sagen die beiden, dass die Mittagszeit, wenn die kleinen Kinder schlafen, recht gut wäre. Und da der Mann auch selbstständig ist, könnte er das eigentlich immer wieder gut einrichten.

Da sich zudem die Frau beschwert, dass der Mann nur selten die Initiative ergreift, sprechen die Berater zunächst mit ihm, wie er aktiv werden kann. Er müsse sich entscheiden, ob er Sex haben will, und dann müsse er die Initiative ergreifen.

Mann: »Aber ich weiß doch gar nicht, ob meine Frau dann auch will.«

Berater: »Und wie wollen Sie das herausbekommen? Sie müssen sagen, wenn Sie Sex haben wollen. Anders geht es nun einmal nicht.«

Frau: »Sehen Sie, so ist das immer. Immer muss ich die Initiative ergreifen.«
Berater zum Mann: »Es ist also Mittagszeit, die Kinder halten bald Mittagsschlaf, Sie haben Lust auf Sex und auch die Möglichkeit, von der Arbeit mal nach Hause zu gehen. Was können Sie tun?«
Mann (zögerlich): »Na, ich rufe meine Frau an, dass ich in einer halben Stunde komme.«
Berater: »Sehr gut.«
Der Mann ist erst einmal erleichtert, dass er einen Weg für sich sieht. An diesem Punkt angekommen und scheinbar alles geregelt, was die Frau einklagte, sagte sie: »Was aber, wenn ich dann gar nicht will?«
Beraterin: »Sie müssen sich entscheiden. Wollen Sie die Initiative Ihres Mannes und Sex haben oder wollen Sie nicht?«

Dieses Beispiel ist gleich mehrfach interessant. Zuallererst zeigt es beispielhaft, wie es sich Paare heutzutage in ihrer Partnerschaft schwer machen. Denn das Verhalten der beiden ließe sich unter der Überschrift zusammenfassen »Was müssen wir tun, um Sex konsequent zu vermeiden«:

1. Jeder versichert sich selbst, dass er »eigentlich« Sex will.
2. Beide werden das zwar in aller Allgemeinheit auch dem Partner gegenüber vertreten, aber selbst nichts tun, damit es konkret wird.
3. Jeder wartet darauf, dass sich der jeweils andere rührt, um sein Bedürfnis anzumelden. Und wenn beide warten, können sie auch sicher sein, dass es nicht passiert.
4. Sollte es doch einmal passieren, dass der eine sein Bedürfnis anmeldet, kann der andere immer noch irgend-

welche Gründe (Kinder, Migräne, Stress usf.) vorschieben, damit dem anderen seine Lust vergeht.

Zunächst ist es für mich immer wieder erstaunlich, wie viele Paare ihr Sexleben aufgegeben haben. In den von uns durchgeführten Paarberatungen hat anfangs etwa zwei Drittel der Paare entweder keinen oder höchst selten Sex miteinander. Das ist auch deshalb interessant, weil in den wenigsten Fällen Paare wegen genau dieses Problems zu uns kommen. Zumeist wird es erst dadurch Thema, dass wir gezielt danach fragen. Nun lässt sich durchaus sagen, dass Paare, die in eine Paarberatung gehen, ohnehin Problempartnerschaften führen. Es handelt sich demnach um eine Negativauslese. Ich habe jedoch im Rahmen meiner Arbeit in einer Aids-Beratungsstelle viel mit Frauen und Männern zu tun, die selbst nie zu einer Paarberatung gehen würden. Und auch hier ist es erstaunlich, wie viele von ihnen berichten, dass ihr Sexleben gänzlich oder zumindest fast eingeschlafen ist.

Was mich dabei bedenklich stimmt, ist allerdings nicht nur das eingeschlafene Sexleben. Es ist vielmehr die Gesamtsituation vieler Partnerschaften. Sie kann dazu führen, dass die Lust am Sex vergeht und vermutlich ist das auch oft so. Aber die Situation selbst ist umfassender zu sehen, als die Fokussierung auf das Sexleben erkennen lässt. Und diese Situation hat viel mit dem Mangel an Väterlichkeit zu tun.

Grundlage der Probleme vieler Paare ist die verbreitete Ansicht, Partnerschaft hat mit Liebe zu tun und Liebe ist einfach da oder ist einfach nicht da. Das heißt, Liebe wird mit einer Schicksalsvorstellung verbunden, die mit der Realität nichts zu tun hat und einer kindlichen Sehnsucht entspricht. »Ich warte noch auf den Richtigen.«, »Ich war ja am Anfang in sie verliebt, aber dann merkte ich, dass es doch keine Liebe war.«, »Was uns zusammenbleiben lässt, ist die Gewohnheit.«, »Irgendwann war die Lust am Sex eingeschlafen.«, »Wir merkten, dass die Liebe einfach weg war.«, »Ich liebe ja meinen Mann und möchte ihm auch nicht wehtun, aber was kann ich dafür, dass ich mich verliebt habe.« ... Solche und ähnliche Sätze bekommt man heutzutage oft zu hören, in Talkshows, in Beratungsgesprächen, in Gesprächen mit Freunden. Es hört sich so an, als sei Liebe ein Gefühl, das Besitz von einem ergreift oder einfach vergeht, ohne dass man selbst etwas dafür kann. Liebe hat nichts mit eigenen Aktivitäten zu tun, sondern sie hängt mit einer Art Schicksal zusammen. Aktivitäten ergeben sich höchstens als Folge von Liebe – nicht umgekehrt.

Ich möchte fast sagen, dass diese Haltung nicht nur unsere Gesellschaft, sondern unsere westliche Kultur ergriffen hat. Und ich frage mich, wo die Väter sind, die ihren heranwachsenden Töchtern und Söhnen endlich diesen Unfug ausreden. Eine ordentliche und angemessene väterliche Aussage wäre beispielsweise: »Du kannst, mein Junge/meine Tochter, nicht davon ausgehen, dass dir Liebe geschenkt wird. Das kann nur ein kleines Kind von seiner Mutter erwarten. Nun aber bist du groß. Da musst du dir Liebe erarbeiten – und zwar die eigene Liebe und die des anderen. Nur durch nie aufhörendes Engagement kannst du erwarten, eine glückliche Partnerschaft zu führen. Wenn du damit aufhörst, wenn du glaubst, es müsse doch einfach so passieren, gibst du dich entweder selbst auf oder du wirst dich immer wieder trennen müssen und einen neuen, vermeintlich besseren Partner suchen. Wenn du nicht irgendwann Engagement für die Partnerschaft entwickelst, in der du gerade bist, wird sich nichts ändern. Also hör auf zu warten und beginne zu lernen, wie eine Partnerschaft geführt wird.«

Doch solch eine väterliche Aussage wird höchst selten sein. Stattdessen werden die heranwachsenden Menschen vor allem über Filme – den Märchen der Moderne – in der

Illusion genährt, es könnte so etwas wie »die wahre Liebe«, »die Liebe auf den ersten Blick« und »den einzig Richtigen« (»die einzig Richtige«) geben. Insbesondere Singles trösten sich häufig mit der Meinung, dass ihnen der Richtige nur noch nicht über den Weg gelaufen ist – als ob es so etwas gibt. Ich möchte dann sagen: »Vorsicht vor dem, der Ihnen wie der Richtige erscheint. Das kann nur in einer Enttäuschung enden. Denn in jeder Partnerschaft stellen sich zwangsläufig Schwierigkeiten ein, die bewältigt werden müssen. Und wenn Sie glauben, dieser Partner könnte Ihnen das ersparen, müssen Sie scheitern.« Und so sehe ich als den entscheidenden Grund für die Zunahme der vielen Singles, dass ihnen niemand beigebracht hat, dass sie für eine Partnerschaft mehr tun müssen, als sie hoffen. Sie warten vor allem darauf, dass »es einfach so klappt«. Und im Ergebnis werden dann männer- oder frauenverachtende Bemerkungen gemacht: »Männer sind so platt und einfach. Sie sind für eine Frau nicht sensibel genug. Ich wünsche mir einen, mit dem ich träumen kann und der sanft und zärtlich ist. Aber so einen müsste ich mir erst backen.«, oder: »Frauen sind immer so zickig, mit nichts sind die zufrieden. Ich wünsche mir einfach eine, die immer liebevoll ist und auch noch Spaß am Sex hat. Aber so eine müsste ich mir erst backen.«

Im Allgemeinen wird das sich seit Anfang des 19. Jahrhunderts entwickelnde romantische Liebesideal für die Schwierigkeiten in der Gestaltung von Partnerschaften in der Gegenwart verantwortlich gemacht. Indem in der Folge die Zweckehe weitestgehend abgeschafft wurde und »Liebe« als Hauptentscheidungsgrund für das Eingehen einer Ehe Einzug hielt, veränderte sich auch der Anspruch an den Partner. Es sollte nun nicht mehr unbedingt wirtschaftlich und sozial passen, sondern es sollte ›der Richtige‹ sein. Damit einher gingen neue Freiheiten wie vereinfachte Scheidungsmöglichkeit, gesellschaftlich höhere Akzeptanz des Fremdgehens und überhaupt ein offenerer Umgang von Frauen und Männern untereinander.

Zu dieser Entwicklung lässt sich sicher viel Positives sagen. Ein freierer, gleichberechtigter Umgang zwischen Frauen und Männern ist in jedem Fall zu begrüßen. Ebenso die Möglichkeit, sich aus einer unglücklichen Partnerschaft einfacher lösen zu können. Aber zugleich müssen wir feststellen, dass damit weder ein friedlicheres Miteinander zwischen Frauen und Männern entstanden ist, noch die Ehen wirklich glücklicher geworden sind. Mir scheint vielmehr das Gegenteil der Fall zu sein. Laut Statistischem Bundesamt gab es 2009 insgesamt 185.817 Scheidungen in Deutschland bei etwa doppelt so vielen geschlossenen Ehen (378.439)[13], was bedeutet, dass jede zweite Ehe wieder getrennt wird. Natürlich sind in dieser Statistik noch nicht die nicht ehelichen Lebensgemeinschaften enthalten. Aber denken Sie, dass diese besser laufen? Ein wesentlicher Vorteil dieser Lebensweise ist doch, dass eine Trennung noch einfacher wird.

Der Grund für diese wirklich problematische Situation ist tatsächlich das sogenannte »romantische Liebesideal«. Die Chance, ein selbstbestimmteres Leben zu führen, wird in ihm durch die Illusion bezahlt, dass dies einfach umzusetzen sei. Allerdings sind es auch nicht die veränderten Bedingungen an sich, die Partnerschaften zu kompliziert werden lassen. Etwa, weil ich mich schneller scheiden lassen kann, tue ich es dann auch. Es sind vielmehr die falschen Vorstellungen, die die Partnerschaften vergiften. Und diese falschen Vorstellungen haben mit einem Mangel an Väterlichkeit zu tun. Denn väterlich wäre es, die Illusionen einfacher Liebe zu zerstören und bereits die eigenen Kinder zu einer nüchterneren Herangehensweise an Partnerschaften zu erziehen.

Schauen wir uns das Beispiel zu Beginn dieses Kapitels an, dann müssen wir zudem erkennen, dass nicht nur die Partnerwahl als Schicksal empfunden wird, sondern auch die Art und Weise, wie die Liebe die Partnerschaft selbst bestimmt. Verbreitet ist beispielsweise die Vorstellung, wenn »wahre« Liebe im Spiel ist, müsse sich ein schönes und harmonisches Zusammenleben einfach so ergeben. Das lässt sich sicher auf viele Bereiche von Partnerschaft beziehen, aber am deutlichsten zeigt es sich beim Sex. Die Ansicht, dass sich Sex einfach so ergeben soll, »wenn die Stimmung danach ist«, ist erstaunlich weit verbreitet. Strukturierende Maßnahmen wie Verabredungen zum Sex werden als Vorschläge der Paarberater oftmals brüsk zurückgewiesen, weil »es dann ja kein wirklicher Sex wäre«. »Wirklicher Sex« sei es ja nur dann, wenn es spontan und mit Liebe geschehe.

Es ist in solchen Fällen von den Beratern einiges an väterlichen Interventionen gefordert, um dem Paar, das unter akutem Sexmangel leidet, deutlich zu machen, was für ein Unsinn diese Vorstellung ist. Sie kann erstens dazu führen, dass es überhaupt keinen Sex mehr gibt, und zweitens, dass die noch bestehende Liebe zwischen beiden völlig verloren geht. Und schließlich ist verabredeter Sex oftmals viel lust- und genussvoller. Es gibt Vorfreude, gezielte Vorbereitung und zumeist auch mehr Zeit. Abgesehen davon, dass es zudem noch Absprachen über die Art und Weise des Sexes geben kann, wodurch sich das gewohnte Einerlei aufheben lässt.

Dieses Beispiel zeigt sehr gut, dass nicht erst die Liebe alles andere ermöglicht, sondern dass an allem gearbeitet werden muss, um der tödlichen Selbstverständlichkeit zu entgehen und die Leidenschaft füreinander wach zu halten. Dass das Paar in unserem Beispiel das erst einmal begreifen musste, liegt daran, dass beiden Partnern beim Heranwachsen, beim Suchen und Vorantasten in der Pubertät und Nachpubertät die väterliche Führung fehlte, die die Notwendigkeit von »Liebesarbeit« vermittelte. Es verwundert daher auch nicht, dass sie sich nun, nachdem sie bereits selbst Eltern sind, schwer damit tun, solch eine Sichtweise anzunehmen. Die Gefahr der Ablehnung von Väterlichkeit ist groß, so groß wie es die Hoffnung eines Paares ist, wenn es in eine Paarberatung kommt und nun nach einfachen Lösungen verlangt. Es war gut für das Paar, dass es sich auf dieses Umdenken einließ und somit nicht nur zu einem besseren Sexleben gelangte, sondern insgesamt ein glücklicheres Miteinander entwickelte.

DIE ZU GERINGE GEBURTSRATE

Dass Väterlichkeit ein Thema in Familien ist, scheint selbstverständlich. »Vater, Mutter, Kind« bilden eine Familie und somit gehört selbstverständlich Väterlichkeit wie Mütterlichkeit zu einem funktionierenden Familienleben. Doch in der heutigen Zeit ist diese Selbstverständlichkeit längst nicht mehr gegeben. Die Individualisierung der Lebensformen, die unsere Gesellschaft bestimmt, hat die Familien bzw. – um genauer zu sein – die privaten Beziehungen in vielfältiger Weise erfasst. Es offenbaren sich zahlreiche Facetten des Themas »Väterlichkeit«, die unterschiedliche Probleme aufzeigen und entsprechend auch unterschiedlich bewertet werden müssen. Wie bereits mehrfach erwähnt, geht es auch hier nicht bzw. nicht allein um Väter, sondern um das Prinzip Väterlichkeit. So ist beispielsweise zu fragen, ob die Anwesenheit eines Vaters immer auch die ausreichende Umsetzung des Prinzips Väterlichkeit bedeutet. Und umgekehrt muss geschaut werden, ob die

Abwesenheit eines Vaters auch die Abwesenheit von Väterlichkeit in der Familie nach sich zieht. Es wird kaum überraschen, dass beide Fragen mit einem eindeutigen Nein zu beantworten sind. Allerdings wird nach den bisherigen Schilderungen ebenso nicht verwundern, wenn gerade in der Familie ein besonderer Mangel an Väterlichkeit festgestellt werden muss.

Zunächst ist im Anschluss an die dargestellte Problematik illusorischer Erwartungen an Partnerschaft zu erkennen, dass dies unmittelbar eine Auswirkung auf die Familiensituation hat. Dem wachsenden Anteil an Singles entspricht ein großer Anteil kinderloser Frauen und Männer. Denn wenn die Mühe partnerschaftlicher Entwicklung gescheut wird, gilt dies für ein anstrengendes und einschränkendes Familienleben gleichermaßen. Im Jahr 2009 waren 21 % der Frauen und 30 % der Männer zwischen 40 und 45 Jahren kinderlos[14]. Die statistische Geburtenzahl in Deutschland lag bei etwa 1,4 Geburten je Frau[15] und damit deutlich unter der Zahl der Geburten, die benötigt wird, um die Bevölkerungszahl in unserem Land auch künftig zu halten (hierfür sind durchschnittlich 2,1 Geburten je Frau notwendig).

Wenn wir einmal davon absehen, dass es natürlich immer Menschen gibt, die keine Kinder haben können, die also ungewollt kinderlos sind, müssen wir doch feststellen, dass die Zahl derjenigen Frauen und Männer, die gewollt kinderlos bleiben oder für die sich »keine Gelegenheit ergab«, Kinder zu bekommen, erschreckend groß ist. Das fordert die Frage nach den Ursachen heraus. Hier scheint es nicht nur einen Mangel an Väterlichkeit, sondern ebenso einen Mangel an Mütterlichkeit zu geben. Eine beträchtliche Zahl von Menschen in unserem Land sieht sich nicht willens oder in der Lage, die eigene Elternschaft zu realisieren.

Doch daneben ist noch ein weiterer spezifischer Mangel an Väterlichkeit zu erkennen. Es geht um den gesellschaftlichen »Geist«, die gesellschaftliche Grundverfassung, die sich vor allem in Verständnis für die Abwehr von Elternschaft übt, statt erwachsene Frauen und Männer in die Pflicht zu nehmen: »Es mag ja sein, dass ihr es als schwer und mühsam anseht, Kinder zu bekommen und großzuziehen. Aber es ist nun einmal ein wesentlicher Bestandteil des Menschseins, viel mehr als Karriere und materieller Wohlstand.« Was an der hohen Zahl kinderloser Menschen in unserem Land zu kritisieren ist, ist nicht die einzelne Entscheidung, schon gar nicht, dass es immer Frauen und Männer gegeben hat, die sich für Kinderlosigkeit entschieden haben. Erschreckend ist vielmehr die gesellschaftliche Verfasstheit, die sich in der hohen Zahl kinderloser Menschen und in der insgesamt niedrigen Geburtenrate zeigt. Es ist als ein Merkmal unserer Gesellschaft zu sehen, dass Mühen und Entbehrungen gescheut werden. *Das* ist ein wesentliches Merkmal mangelnder Väterlichkeit in unserer Zeit.

Ein dreißigjähriger Student, der in etwa einem Jahr mit dem Studium fertig sein könnte: »Ich weiß nicht, ob ich das wirklich will. Ich fühle mich noch nicht fertig. Ich müsste erst noch ein paar Dinge klarer bekommen, mehr wissen, was ich will. Mich nerven die Leute, die nur daran denken, möglichst schnell fertig zu werden, um dann das große Geld zu verdienen. Die haben doch noch lange nicht geschnallt, wie das Leben läuft.«

Die Haltung dieses Studenten ist beispielhaft für eine »väterlose Gesellschaft«, in der jedes Argument gefunden wird, nur um sich vermeintlicher Mühe zu entziehen. Und gerade weil es in diesem Beispiel nicht um Partnerschaft oder um Kinder geht, macht es noch einmal deutlicher, worum es mir auch bei dem Thema »Väterlichkeit und Familie«

geht. Denn der Mühen gibt es viel und ebenso häufig treffen wir in unserer Gesellschaft auf die Illusion, man könne den Mühen entkommen – sei es, dass die Verantwortung des Berufes gemieden, der notwendigen Arbeit in Partnerschaften ausgewichen wird oder Kinder als Last empfunden werden. Und auch wenn die einzelnen Punkte nicht auf alle Menschen gleichermaßen zutreffen, so beschreiben sie doch ein zentrales Merkmal unserer Gesellschaft als Ganzes.

VÄTER IN DER FAMILIE

Eines der zentralen Themen von Väterlichkeit ist die Frage, wie sie in den Familien durch die Väter selbst umgesetzt wird. Selbstverständlich ergibt der Einzelfall ein unterschiedliches Bild. Jedoch zeigen sich auch hier gesamtgesellschaftliche Tendenzen, die die bisherigen Ausführungen unterstreichen und sich unter dem Begriff »Väterlichkeitsstörungen«[16] zusammenfassen lassen.

Klassifizieren lassen sich die Tendenzen in drei Formen:

1. Väter sind in der Familie nicht präsent.

2. Väter sind präsent, aber autoritär.

3. Väter sind präsent, aber nicht väterlich.

Der erste Punkt ist vergleichsweise häufig anzutreffen und wird auch vielfach in Männergruppen und Selbsterfahrungsworkshops beklagt. Väter sind entweder physisch abwesend oder, wenn sie denn schon da sind, nicht wirklich mit ihrem Herzen präsent. Das Kind kann sich nicht an den Vater wenden. Selbst wenn es mit ihm spricht, spielt oder gemeinsam etwas unternimmt, ist er nicht für seine Situation offen. Der Psychotherapeut Hans-Joachim Maaz benennt diese Form als »Vaterflucht«[17] und zeigt bereits durch dieses Wort, dass es um eine Verweigerung von Väterlichkeit gegenüber den Kindern geht. »Er (der Vater – M. St.) verfolgt seine eigenen Interessen und verschleiert seinen Egoismus, indem er Arbeitsverpflichtungen ... vorschützt.«[18]

Während die Abwesenheit des Vaters von den Kindern rückblickend häufig beklagt wird, scheint der zweite Punkt der Väterlichkeitsstörungen dem allgemeinen Bild am meisten zu entsprechen. Der Vater kümmert sich um die familiäre Situation und mischt sich ein. Dies allerdings zumeist in einer autoritären, patriarchalen Form.

Doch möchte ich hier gern eine wichtige Unterscheidung vorwegnehmen, die im zweiten Teil noch weiter zu präzisieren sein wird. Das deutsche Wort »Autorität« leitet sich von dem lateinischen »Auctoritas« ab. Das wiederum besitzt eine eindeutig positive Bedeutung. Wörtlich übersetzt heißt es »Ansehen, Würde«. »Die *auctoritas* wirkte überall dort als regulierende Entscheidungsgrundlage, wo keine juristischen Vorschriften vorhanden waren. *Auctoritas* konnte sowohl Einzelpersonen als auch einem Kollektiv zukommen.«[19] Auctoritas wurde demnach in der Antike als unabdingbare Voraussetzung für das Funktionieren von Gemeinschaft gesehen. Menschen brauchten Autoritäten, die Maßstäbe lieferten und Vorbilder waren.

Im Deutschen hat der Begriff »autoritär« jedoch seine positive Bedeutung weitgehend verloren. Zwar wird der Begriff der »Autorität« auch im Deutschen zumeist immer noch positiv gesehen, aber »autoritäre Erziehung«, »autoritäre Strukturen« sind eindeutig negativ etikettiert. Und wenn von einem »autoritären Vater« gesprochen wird, dann soll damit nicht dessen Würde und Ansehen herausgestellt werden, sondern seine Strenge und Unnachgiebigkeit. Ein »autoritärer Vater« wird nicht positiv gesehen. Zudem ist er eng mit der Vorstellung traditioneller Väterlichkeit verbunden. Diese Vorstellung versteht Väterlichkeit in der Vergangenheit grundsätzlich als autoritär im Sinne von »diktatorisch«. Aus dieser Sichtweise heraus ergibt sich zumindest ein Teil des Ressentiments gegen Väterlichkeit. Und wenn von »neuer Väterlichkeit« gesprochen wird, dann ist damit eine bewusste Abkehr von einer »autoritären Erziehung« gemeint.

Ich teile diese Einschätzung nur zum Teil. Wie noch zu zeigen ist, wird mit der Ablehnung autoritär-patriarchaler Formen von Väterlichkeit die Väterlichkeit insgesamt abgelehnt und damit deren Mangel in unserer Gesellschaft wie in den Familien reproduziert. Zudem scheint mir die Sicht auf traditionelle Formen von Väterlichkeit einseitig negativ verzerrt. Und doch ist eine Haltung des Vaters, der nicht das Wohl seiner Kinder im Blick hat, abzulehnen. Maaz bezeichnet das als »Vaterterror«[20].

Interessant ist, wie er »Vaterterror« charakterisiert: »Der Vater erlebt das Kind von Anfang an als Konkurrenten, der ihm Aufmerksamkeit, Zuwendung und Versorgung raubt, seinen Raum einschränkt, seine Macht gefährdet, seine Bedeutung schmälert.«[21] Maaz spricht damit nicht nur das Bösartige dieses Verhaltens an, er verdeutlicht zudem, dass es dabei um eine Konkurrenzsituation zwischen Vater und Kind um die Gunst der Frau/Mutter geht. Grundlage des totalitären Verhaltens des Vaters ist demnach dessen Muttergebundenheit! Er konkurriert mit dem Kind um mütterliche Zuwendung. Und genau dieser Aspekt ist bei negativ-autoritären Formen von Väterlichkeit besonders auffällig. Solcherlei Väter sind in besonderer Weise muttergebunden. Diese Muttergebundenheit zeigt sich in der Familienkonstellation, in der er nun als Vater auftritt, durch eine ungefragte Parteilichkeit für seine Frau gegen das Kind. Und in diesem Sinne ist diese Form von Väterlichkeit keine, die ich als Alternative zu einem Mangel an Väterlichkeit sehe.

Ein Mann in einer Beratung:

»Ich war vielleicht 8 Jahre alt. Ein Freund klingelte bei uns zu Hause und fragte, ob ich mit Fußballspielen komme. Dazu hatte ich natürlich Lust, aber meine Mutter verbot mir das, weil ich erst einmal meine Hausaufgaben machen solle. In ein bis zwei Stunden könne ich dann noch mal runtergehen.
Ich war wütend. Denn dann wäre das Fußballspiel gelaufen. Ich sagte, dass ich die Hausaufgaben doch später immer noch machen könne. Aber meine Mutter ließ sich nicht erweichen. Ich fühlte mich hilflos, war wütend und schrie herum.
Da kam mein Vater aus dem Arbeitszimmer gestürmt. Und ohne zu fragen, worum es eigentlich geht, schrie er mich an, ich solle so nicht mit meiner Mutter umgehen, da höre der Spaß auf. Ich wendete meine Wut sofort gegen den Vater: ›Er solle mich in Ruhe lassen‹, schrie ich zurück. Meine Hilflosigkeit wurde immer größer. Ich heulte vor Wut und wusste sofort, dass ich keine Chance hatte.
Dann aber mischte sich wieder meine Mutter ein. Wir sollen endlich ruhig sein, das wäre nicht zum Aushalten. Sie fing an zu weinen. Ich ging dann in mein Zimmer.
Das Ergebnis war, dass ich weiter wütend war – aber nur noch auf meinen Vater. Meine Mutter tat mir eher leid. Sie litt ja unter dem Zoff.«

Dieses Beispiel ist interessant, weil es neben dem autoritären Gehabe des Vaters auch sehr gut dessen Dienst an der Partnerin und ein häufig anzutreffendes elterliches Zusammenspiel zeigt. Obwohl eigentlich die Mutter den Konflikt mit dem Kind hat – wobei ich hier nicht bewerten möchte, wie berechtigt oder unberechtigt die mütterliche Intervention gewesen sein mag – springt der Vater ihr ungefragt bei und wird so zum Hassobjekt des Kindes. Die Mutter wiederum wird, obwohl sie den Konflikt erst ausgelöst hat, zur Vermittlerin bzw. zur Leidtragenden des Streits zwischen Vater und Sohn. Am Ende fühlt sich der Vater von seiner Frau ungerecht behandelt, weil er ihr doch eigentlich nur helfen wollte. Und der Sohn hat ihr gegenüber ein schlechtes Gewissen, weil er ihr Leid mitverursacht hat.

Mann in einer Beratung:

»Meine Eltern wollten, dass ich Medizin studiere. Aber ich wollte lieber Soziologie studieren. Es gab dann immer mal Diskussionen, weil Soziologie ja so brotlos sei und der Berufseinstieg so schwierig. Irgendwann aber haben wir nicht mehr diskutiert. Wir kamen eh nicht zu einer Meinung.
Ich habe mich dann einfach nach meinem Abitur für Soziologie beworben. Kurz danach fragte mich mein Vater mehr beiläufig, ob ich schon meine Bewerbung für Medizin abgeschickt hätte. Ich sagte ihm, dass ich mich nicht für Medizin, sondern für Soziologie beworben hätte. Daraufhin gab es ein großes Theater. Zum Schluss, als er merkte, dass ich nicht so schnell nachgeben würde, sagte er unter Tränen, dass das meine Mutter – das ist seine Frau – nicht überleben würde. Sie hätte Probleme mit dem Herzen und sie würde es nicht verkraften, wenn ich so meine Zukunft wegschmeiße.
Ich habe mich dann für Medizin beworben.«

Dieses Beispiel ähnelt dem vorhergehenden insofern, dass sich auch hier der Vater wieder schützend vor die Mutter stellt. »Sie würde es nicht überleben.« Mit diesem Satz möchte er die Meinung der Mutter verdeutlichen und dem Sohn zeigen, dass er sich gegen *ihren* Willen verhält. Hierzu malt er drastische Konsequenzen aus. Natürlich ist zu fragen, ob der Vater wirklich die Position der Mutter vertritt. Zumindest theoretisch wäre es auch möglich, dass er den Sohn damit belügt. Die Wahrscheinlichkeit hierfür ist jedoch recht gering. Es ist anzunehmen, dass sich Mutter und Vater einig darin sind, welcher Beruf für den Sohn gut und richtig ist. Indem der Vater den Sohn unter Druck setzt, handelt er wie der autoritäre Vater im vorangegangenen Beispiel. Aber dieser Druck ist perfider. Denn er besteht darin, dass er den Jungen verantwortlich für einen möglichen Tod der Mutter macht. Dagegen kann sich ein Kind nur schwer wehren. Einen schreienden, vielleicht auch schlagenden Vater kann man ablehnen, auch wenn man sich als Kind vielleicht nicht direkt wehren kann. Aber die eigenen Gefühle wird es zumindest als berechtigt empfinden. Ein emotionaler Druck nach dem Muster: »Wenn du so handelst, machst du dich schuldig.« ist jedoch schwer abzuwehren. Denn selbst wenn die Mutter überlebt, bleibt immer das Empfinden, dass sie das nicht wegen der Entscheidung des Sohnes, sondern trotz dieser tut.

Wir haben es hier also nicht mit einem autoritären Vater zu tun, sondern mit einem Vater ohne Väterlichkeit. In der Maazschen Terminologie ist von einem »Vatermissbrauch«[22] zu sprechen. Der Vater missbraucht den Sohn für seine Bedürfnisse, das heißt, dass er ihn für seine Zwecke manipuliert. Solch ein Missbrauch kann sehr verschiedene Formen bis hin zum sexuellen Missbrauch annehmen. Aber zumeist haben wir es mit einem emotionalen Missbrauch zu tun (der ist oft ja auch Grundlage des sexuellen

Missbrauchs). Das zentrale Kennzeichen ist, dass das Kind keine Befehle in autoritärer Form bekommt und zumeist auch nicht geschlagen wird. Es wird emotionaler, oft untergründiger Druck ausgeübt und das Kind so gezwungen, nach dem Willen des Vaters – und/oder der Mutter – zu handeln. Dieses Handeln des Vaters lässt jede Väterlichkeit vermissen und ist die schlimmste Form des Mangels an Väterlichkeit in der Familie, weil es die am wenigsten auffällige ist.

Sie ist von selbstverständlicher Alltäglichkeit und beginnt beispielsweise bereits mit der Frage an das Kind: »Willst du mal den Tisch decken?« oder »Willst du dich nicht mal anziehen?« oder »Willst du nicht lernen?« Hinter all diesen scheinbaren Fragen steckt eine Erwartung, die das Kind natürlich mitbekommt und nach der es auch handeln soll. Doch die Erwartungen sind hinter einer Frage versteckt. Ein Kind, das nicht auf die Manipulationen eingeht, würde vielleicht offen und ehrlich antworten: »Nein, ich will den Tisch nicht decken.«, »Nein, ich will mich nicht anziehen. Ich will erst noch spielen.«, »Nein, ich habe überhaupt keine Lust zum Lernen.« Doch ein Kind, das so antwortet, wird schnell zu spüren bekommen, dass die Frage keine Frage, sondern eine verdeckte Aufforderung ist. Die Frage lässt nicht die Wahl, die sie vorgibt. Warum also die Frage? Weil sie als nicht so hart empfunden wird, weil sich Mutter oder Vater immer noch als lieb und sanft verstehen können, wenn sie eine Frage und keine »autoritäre« Anweisung äußern. Es ist wieder das Thema des Geliebt- bzw. des Gutgefundenwerdens, dem wir bereits im Kapitel zur Sozialen Arbeit begegnet sind.

In solcherart Manipulationen müssen wir einen emotionalen Missbrauch erkennen. Er ist überall dort zu finden, wo keine klare Stellung bezogen wird und die eigenen Interessen über emotionalen Druck und verdecktes Agieren versucht wird zu erreichen. Väter, die so handeln, sind Väter ohne Väterlichkeit.

AUS EINER DOKUMENTATION:

Ein Lehrer hält am ersten Schultag einen Plüschdrachen hoch und erklärt den Kindern, dass der Drache Angst vor Lautstärke hat. Die Kinder sollen also auf die Angst des Drachens achten und leise sein. »Denn nur wenn es leise ist, fühlt er sich richtig wohl.«[23]

Das Erschreckende an solchen Beispielen, die sich endlos fortsetzen ließen, ist ihre Alltäglichkeit. Sie müssen nur einmal in der Straßenbahn, in einer Kaufhalle oder an anderen öffentlichen Plätzen die Kommunikation der Eltern mit ihren Kindern beobachten, um sofort erleben zu können, wie Eltern ihre Kinder manipulieren. Und das fällt bei fremden Menschen noch leichter auf. Noch erschreckender ist es, die eigene Art und Weise der Manipulation der eigenen Kinder mitzubekommen, die unbewusst und vollkommen selbstverständlich geschieht.

Wird also die Abwesenheit des Vaters, seine mangelnde Präsenz in der Familie von den erwachsen gewordenen Kindern rückblickend am häufigsten beklagt und bestimmt der autoritäre Vater immer noch am stärksten unser kollektives Bild von Väterlichkeit, ist doch der »unväterliche Vater« derjenige, der die familiäre Gegenwart am meisten prägt. Auch wenn sich die beiden ersten Formen ebenso als ein »Mangel an (guter) Väterlichkeit« beschreiben lassen, so ist doch diese dritte Form diejenige, durch den der beschriebene gesamtgesellschaftliche Mangel an Väterlichkeit in der heutigen Zeit charakterisiert wird.

DER »UNVÄTERLICHE VATER«

Mit dem »unväterlichen Vater« lässt sich einer der zentralen Akteure unserer Gesellschaft beschreiben. Historisch entstanden ist dieser Charakter aus einem Bruch der Väterlichkeit, der sich in den letzten einhundert bis einhundertfünfzig Jahren entwickelte. Mit Beginn der Industrialisierung wurde der Vater aus der Familie herausgelöst, indem ein Großteil der Männer ihrer Arbeit wohnungsfern nachgehen musste. Sie verbrachten demnach die längste Zeit des Tages ohne die Familie. Zugleich wurde die väterliche Autorität in Gesetzen festgeschrieben, beispielsweise im Familienrecht des Bürgerlichen Gesetzbuchs von 1900[24]. Dies führte zu der paradoxen Entwicklung, dass nun zunehmend die Mütter die Erziehungsaufgaben übernahmen, während zugleich die väterliche Autorität formell verstärkt wurde. Diese Entwicklung findet sich in der beschriebenen Väterlichkeitsform des autoritär-patriarchalen Vaters wieder, dessen Kontakt zu den Kindern immer geringer wird und der doch immer wieder strafend in das Familiengeschehen eingreift. Paradox ist dabei, dass er scheinbar die Macht innehat und zugleich an realem Einfluss verliert. Der Vater büßt seine eigenständige Rolle in der Kindererziehung ein und bleibt selbst durch den Vorrang der mütterlichen Beziehung in der eigenen Kindheit muttergebunden. Der nominellen Macht des Vaters entspricht eine Schwächung an Väterlichkeit, wenn wir Väterlichkeit als ein unmittelbares Beziehungsgeschehen begreifen. Dieser Prozess lässt sich als eine Entwicklung hin zu einem zunehmenden Ansehensverlust von Vaterschaft verstehen, der zwangsläufig aus dem Ungleichgewicht der familiären Mutter- und Vaterrolle folgte.

Zu dieser Entwicklung kam der Bruch der Väterlichkeit durch den Zweiten Weltkrieg. Die Erlebnisse von Krieg und Gefangenschaft vermochte ein Großteil der Männer nicht an ihre Kinder zu vermitteln und sie verloren so noch mehr den Kontakt. »Vaterabwesenheit«[25] wurde nun zum bestimmenden Merkmal von Väterlichkeit in der Gesellschaft und damit ist in erster Linie der Verlust an innerem Kontakt zu den Kindern gemeint. Es ist daher kein Wunder, dass genau dieses Merkmal in meiner Generation der Fünfzigjährigen zum bestimmenden Empfinden im Verhältnis zum Vater wurde.

Bernd Hohlen: »Als den Vätern die Seele erfror. Trauma Zweiter Weltkrieg«:

»Ich fahndete bei meinem Vater nicht nach politischen Motiven. Es gab keine. Sie waren nicht erkennbar und nicht spürbar. Viele Kinder meiner Generation waren in ihrer Sozialisation den Deformierungen ihrer Kriegsväter ausgesetzt. Offene Kriegstraumata, die sich in Schrullen, Merkwürdigkeiten, Kleinkariertem, Ungerechtem, Jähzorn, Härte und einer nicht kindgerechten Erbarmungslosigkeit ihren Weg bahnten. Das hinterließ bei uns allen Spuren. Bei den Kindern von Landsern, Offizieren, SS-Führern. Es waren Kinder von Befehlshabern und KZ-Aufsehern, von Inhaftierten und Verfolgten, sie alle hätten ihre Geschichte zu erzählen. Sie blieb unerzählt. Die Fähigkeit zur Selbstreflexion war zu undeutsch. Wer sich und sein Vorgehen, sein Erlebtes reflektierte, hatte gefälligst zur Waffe zu greifen und sich durch den Kopf zu schießen. In der Selbstreflexion schlummerte die Gefahr der Mitschuld – und die musste verdrängt werden. Egal, ob politische oder soldatische Schuld.«[26]

Die Entwicklung der Vaterschaft seit Beginn der Industrialisierung macht deutlich, dass es hier keine einseitige

Betrachtung von Gewinn und Verlust geben kann. Männer wie Frauen haben ihren jeweiligen Preis zu zahlen, der bei den Männern beispielsweise in einer zu ihren Ungunsten veränderten Lebenserwartung liegt. Doch als noch problematischer ist der Verlust der väterlichen Präsenz in der Familie zu sehen. Mangelnde Väterlichkeit bis hin zur Ablehnung von Väterlichkeit wurde zum bestimmenden Merkmal gegenwärtiger Familienkonstellationen und daraus folgend der Gesamtgesellschaft. Auf der anderen Seite wurde die vielleicht immer schon vorhandene Idealisierung von Mutterschaft (man denke nur an den Kult um die »jungfräuliche Gottesmutter«, die vom Vater »unbefleckt« blieb!) weiter überhöht, was zwar – gerade als Folge des abwesenden Vaters – zu einem Familienmatriarchat führt, aber natürlich die Frauen überfordern muss.

Es ist daher kein Wunder, dass die Sehnsucht nach dem Vater wieder zunahm, die Entwicklung konnte nicht beim abwesenden Vater stehen bleiben. Es entwickelte sich in einem Gemisch aus Vatersehnsucht und der Ablehnung vermeintlich traditioneller Väterlichkeit die Suche nach dem »neuen Vater«. Dieser soll anwesend sein und zugleich nicht autoritär. Er soll fürsorglich und zugewandt mit den Kindern umgehen und zugleich die Mutter in ihren Aufgaben entlasten.

IN EINER BERATUNG:

Mann: »Ich denke, ich muss viel verändern. Mir ist unlängst klar geworden, wie wenig mein Vater für mich da war. Er hat mir gefehlt. Jetzt noch traure ich dem nach, was ich nicht hatte.
…
Letztes Wochenende war ich bei den Karl-May-Festspielen in Radebeul. Da war eine Gruppe Indianer, die

einen Tanz aufführte. Und als wir Weißen drumherum standen und zuschauten, wurde mir plötzlich klar, wie entfremdet wir von der Natur sind. Die zeigten solche ursprünglichen Tänze und ich empfand uns wie eine leblose Mauer drumherum.«
Berater: »Und was hat das mit Ihrem Vater zu tun?«
Mann: «Das ist ja die gleiche Entfremdung. Mein Vater war nicht für mich da und jetzt stehe ich wie eine leblose Mauer da. Und da habe ich den Entschluss gefasst, mich mehr um meinen Sohn zu kümmern. Er soll seinen Vater nicht so entbehren müssen. Ich habe jetzt gemerkt, wie wenig ich für ihn da bin. Er ist fünf und kam vorgestern zu mir, als ich zu Freunden gehen wollte, ich solle nicht gehen. Er sagte zu mir: ›Papa, du bist so oft weg.‹ Und da ist mir schlagartig klar geworden, wie sehr er mich schon jetzt vermisst.«
Berater: »Wie oft sind Sie denn in der Woche weg?«
Mann: »Höchstens zweimal. Aber ich habe jetzt beschlossen, seltener wegzugehen. Mehr für ihn da zu sein.«

Die Worte des Mannes geben sehr gut wieder, worauf sich die »neue Väterlichkeit« stützt. Es geht darum, etwas anders zu machen, sich vom eigenen Vater abzusetzen, ein besserer, liebevollerer Vater zu sein. Die Vatersehnsucht resultiert aus dem eigenen Defizit, aus der eigenen Mangelerfahrung. »Mein Vater war nicht für mich da und jetzt stehe ich wie eine leblose Mauer da. Und da habe ich den Entschluss gefasst, mich mehr um meinen Sohn zu kümmern.« Das war die zentrale Aussage des Mannes. Und so, wie er sie vorgebracht hat, schien sie gleich zu verstehen und zu bejahen zu sein. Und doch führen die Empfindungen des Mannes in die Irre.

Deutlich wird das am Ende dieses Beispiels, als herauskam, dass er als Vater an höchstens zwei Abenden in der

Woche nicht da ist. Solch eine Frequenz lässt sich sicher nicht als »Vaterflucht« bezeichnen. Das kann nicht das Problem sein. Es muss um ein anderes Thema gehen. Dies wird bereits deutlich, indem »Vaterabwesenheit« nicht unbedingt mit physischem Wegsein charakterisiert wird, sondern vielmehr mit mangelndem Kontakt mit der Kinderseele: Wie weit versteht der Vater seine Kinder, hat Mitempfinden für ihre Nöte und hilft ihnen in seiner ganz spezifischen Weise?

In den Äußerungen des Mannes zeigt sich bei einer genaueren Betrachtung der Versuch, eine gute Väterlichkeit zu erzwingen, indem äußere Bedingungen verändert werden. Das aber ist eher als ein Zeichen von Hilflosigkeit zu interpretieren. Dem Mann fehlt eine Matrix für gute Väterlichkeit, er ist sich darüber im Unklaren, wie die aussehen kann. Deshalb greift er nach den Möglichkeiten, die sich ihm zu bieten scheinen. In diesem Fall der bewusste Verzicht auf eigene Aktivitäten und die Anwesenheit beim Kind. Es ist davon auszugehen, dass der Mann damit gerade nicht aus seinem Gefühl, »eine leblose Mauer« zu sein, herauskommt. Doch genau das wäre von zentraler Bedeutung, um seinem Sohn ein offenherziger Vater zu sein.

Dies ist es auch, was die Diskussion um den »neuen Vater« bestimmt. Es gibt kein Bild einer eigenständigen und sich ihrer selbst bewussten Väterlichkeit. Michael Matzner beruft sich auf eine Untersuchung des Soziologen Rolf Stein aus dem Jahr 2000, wenn er schreibt: »Die heutigen neuen Väter seien oft toleranter, solidarischer, großzügiger, zärtlicher, fürsorglicher und kooperativer gegenüber ihren Kindern. Ihre Vaterschaft erlebten sie im bewussten Gegensatz zu den eigenen Vätern und verständen sich oft eher als Partner und Spielkamerad ihrer Kinder.«[27] Kurz gesagt, die »neuen Väter« sind eine Mischung aus Mutter und Spielkamerad. Sie sind alles, nur eben keine väterlichen Väter.

Eine E-Mail:

»Betreff: Es tut sich was!
Tja, liebe Männerbewegte, es bewegt sich was. In einem Supermarkt fand ich die Anzeige eines Suppenherstellers, in der ein VATER mit einem Baby abgebildet ist. Im Hintergrund! Das ist echt toll, der Vater als versorgender Background ... Danke an alle, die mitgewirkt haben in den letzten 15 Jahren!«

Einer solchen Mail möchte man am liebsten mit Ironie antworten: »Und als Nächstes übernehmen wir Väter auch die Schwangerschaft und die Geburt!«

Es ist das Dilemma einer fehlenden väterlichen Identität, die für unsere Generation so bezeichnend ist. Das ist das Ergebnis einer historischen Entwicklung, die etwas überspitzt als »Abschaffung der Väterlichkeit« bezeichnet werden kann[28]. Aus dem Gespür des Defizits wird nach Maßstäben gegriffen, die vermeintliches gutes Menschentum beinhalten: Mütterlichkeit und Kindlichkeit. Und daraus wird ein Vaterbild geschaffen, das ohne Übertreibung als »unväterlicher Vater« bezeichnet werden kann. Dieser Vater ist sicher nicht für den Mangel an Väterlichkeit in unserer Gesellschaft verantwortlich. Das sind zweifelsohne historische Prozesse. Aber sie finden ihren vorläufigen Höhepunkt im »unväterlichen Vater« und in einem umfassenden Mangel an Väterlichkeit in der Gesellschaft.

DIE ABLEHNUNG VON VÄTERLICHKEIT IN FAMILIEN

Charakteristisches Merkmal des »unväterlichen Vaters« ist die Ablehnung dessen, was er als traditionelle Väterlichkeit empfindet. Deshalb auch der Zusatz: der »neue Vater«. Die Ablehnung des »alten Vaters« beinhaltet die Ablehnung des »autoritären« und des »abwesenden Vaters«. Es soll also eine neue Form von Väterlichkeit entwickelt werden, dem die bisherigen Fehler und Probleme nicht mehr anhaften.

Die Beweggründe für die Entwicklung einer neuen Vaterschaft kommen aus zwei Richtungen. Zum einen handelt es sich um einen inneren Antrieb. Dabei steht die weitgehende Ablehnung des eigenen Vaters an erster Stelle. Doch diese Ablehnung trifft auf die Sehnsucht nach einem Vater. Der aus diesem Zwiespalt resultierende innere Konflikt soll durch das Bemühen versöhnt werden, ein anderer und besserer Vater zu sein. Es handelt sich demnach um eine Identifikation mit dem Kind, das man selbst einmal war, und dem daraus folgenden Bemühen, »es besser zu machen«.

Die andere Richtung, die die Entwicklung des »unväterlichen Vaters« bestimmt, ist die Ablehnung von Väterlichkeit durch Frauen, also den Partnerinnen. Auch bei ihnen ist eine verbreitete Ablehnung dessen festzustellen, was als »traditionelle Väterlichkeit« bezeichnet wird. Männer und Frauen sind sich demnach in diesem Punkt einig – wobei ich auch an dieser Stelle noch einmal betonen möchte, dass es sich hier um allgemeine Tendenzen handelt, die den Einzelfall, der durchaus auch völlig anders aussehen kann, nicht berücksichtigen.

Die in unserer Gesellschaft verbreitete Ablehnung von Väterlichkeit führt werdende und seiende Väter in das Dilemma, dass sie ihre Berechtigung erst einmal bestätigen müssen. Sind Väter überhaupt notwendig? Braucht es Väter oder reicht nicht eine primäre mütterliche Bezugsperson? Wenn sich Väter durch »Vaterflucht« oder durch »Vaterterror« hervortun, wäre es dann nicht besser, wenn sie sich aus dem Erziehungsgeschehen gänzlich zurückziehen?

Die Antwort, die unsere Gesellschaft auf diese Fragen gibt, ist nicht so eindeutig, wie es zunächst scheint. Zwar werden sicher die meisten Menschen spontan antworten wollen, dass es Väter braucht. Aber spricht da nicht eine Vatersehnsucht, die durch die gesellschaftliche Situation längst überholt ist? Sicher sind die hasserfüllten Frauen, die im Fahrwasser der Frauenbewegung Vaterschaft als das grundsätzlich Schlechteste für die Kinder ansehen, nicht charakteristisch für die Gesamtgesellschaft. Das lässt sich recht schnell als deren intrapsychisches Problem erkennen und abweisen. Viel problematischer ist die alltägliche und selbstverständliche Ablehnung von Väterlichkeit, mit der sich die Väter in den Familien auseinandersetzen müssen.

Dort, wo Väterlichkeit abgelehnt wird, muss der Vater unter Beweis stellen, dass er anders ist als sein Vater bzw. als das Bild, das allgemein von traditioneller Vaterschaft vorherrscht. Das bedeutet, dass er sich, falls er sich nicht ohnehin zurückzieht und die familiären Entscheidungen der Frau überlässt, selbst um eine gute Mütterlichkeit bemüht. Es ist auffällig, dass die Diskussionen um Elternzeit und um das gemeinsame Führen des Haushalts ausschließlich aus Frauenperspektive erfolgen. So wird selbst das, was in wissenschaftlichen Untersuchungen unter Hausarbeit verstanden wird, einzig durch eine weibliche Sicht bestimmt, die männliche Formen der Haushaltsarbeit kontinuierlich ausblendet[29].

Zugleich nehmen Frauen im Haushalt und in der Kindererziehung eine sogenannte Gate-Keeper-Funktion ein[30]. Das heißt, dass sie fordern, dass Männer ebenso in der

Kindererziehung und in der Haushaltsführung mitwirken. Aber zugleich sollen sie das alles so tun, wie es die Frauen wollen. Denn – so die tiefe Überzeugung der Frauen und oftmals selbst der Männer – Frauen wollen es auf »die richtige Weise« und der müssen sich Männer anpassen. Das Beispiel des Mannes am Anfang des Buches zeigte genau diese Situation. Er möchte gern ein guter Vater sein, doch er ist sich selbst unsicher, wie das aussehen kann. Daher orientiert er sich an seiner Frau. Doch auch sie hat kein Empfinden dafür, was eigenständige Väterlichkeit bedeutet und wie sie sich von Mütterlichkeit unterscheidet. Deshalb macht sie dem Mann Vorschriften – und beide sind trotz allen Bemühens unzufrieden.

Ein anderer Mann:

»Meine Frau ist mit unserem Kind zu Hause. Aber da ich als Selbstständiger auch zu Hause arbeite, möchte ich natürlich meinen Teil an der Kindererziehung beitragen und auch meine Frau entlasten. Daher nehme ich immer, wenn es irgendwie geht, unser Kind bei Erledigungen mit. Das macht auch Spaß, weil wir dann immer neben meinen Notwendigkeiten noch was Gemeinsames unternehmen, also auf einen Spielplatz gehen oder durch die Stadt spazieren. Doch immer, wenn ich mit meiner Tochter losfahren will, kommt meine Frau mit einer Tüte an, in der ein feuchter Waschlappen ist. Den soll ich mitnehmen, falls sich unsere Tochter beim Essen oder beim Spielen dreckig macht. Meine Frau kann es überhaupt nicht verstehen, dass meine Tochter und ich einen solchen Waschlappen gar nicht brauchen. Wen kümmert denn schon das bisschen Dreck? Aber um meine Ruhe zu haben, nehme ich den Waschlappen mit, lasse ihn aber zumeist im Auto liegen.«

Solche Beispiele kennt fast jeder Mann, der sich in Haushalt und Kindererziehung einmischt. Und so sehr eine gleichberechtigte Haushaltsführung und Kindererziehung zu befürworten ist, so sehr müssen aber auch die untergründigen Ebenen, die immer auch mit einer stillen Macht verbunden sind, in den Blick genommen werden.

Eng verbunden mit der Gate-Keeper-Funktion, die Mütter oftmals in den Familien einnehmen, ist ein Machtkampf um die Liebe der Kinder. Im Rahmen der Erkenntnis, dass Väterlichkeit abgelehnt wird, haben hier die Väter nur dann eine Chance, wenn sie sich in eine Konkurrenz um die bessere Mütterlichkeit begeben. Das gelingt manchen Vätern, indem sie vor allem gewährend sind und wenig Grenzen setzen. Dann, so hoffen sie, werden sie durch die Kinder gut gefunden und gewinnen das Beliebtheitsduell. Oftmals ist es aber auch die Mutter, die diesen Kampf um die Gunst der Kinder gewinnt. Unter diesem Gesichtspunkt ist das nachfolgende Beispiel keines, in dem sich eine grundsätzliche Vaterfeindlichkeit zeigt. Die Ablehnung betrifft die *Väterlichkeit*. Es sind auch vertauschte Rollen möglich, selbst wenn die hier auftretende Geschlechterverteilung tendenziell häufiger anzutreffen ist.

Eine Tochter (17 Jahre):

»Mein Vater ist unmöglich, nichts gönnt der mir, ist nur streng und verbietet alles. Ich wünsche mir einen Hund, schon so lange. Und meine Mutter ist auch dafür. Aber mein Vater will das einfach nicht. Er hätte dann nicht seine Ruhe. Immer soll ich auf ihn Rücksicht nehmen. Der ist Lokführer und fährt oft nachts. Und ich soll dann tagsüber, wenn er schläft, in der Wohnung leise herumschleichen. Er darf bloß nicht in seinem Schlaf gestört werden! Er ist ja sooo wichtig! Und wenn ich

dann mal meinen Spaß haben will, dann ist er dagegen. So ein Hund ist doch nicht schlimm. Und meine Mutter ist auch dafür.«

Es ist klar, dass Väterlichkeit die Tochter begrenzen *muss*. Rein sachlich dürfte es hier keine unterschiedliche Einschätzung der Situation durch die Mutter und den Vater geben. Die Notwendigkeit des Ausruhens für den Vater, der als Lokführer eine große Verantwortung trägt, ist nicht zu bestreiten und zweifelsohne das höhere Gut gegenüber dem Wunsch der Tochter nach einem Hund. Dass sich die Mutter trotzdem gegen den Vater stellt, zeigt ein grundsätzliches Zerwürfnis der Eltern, das die Mutter im Konkurrenzverhalten um die Gunst der Tochter austrägt.

Solch ein Konkurrenzverhalten gibt es häufig und zeigt grundlegende Partnerschaftsprobleme. Interessant aber ist, dass diese Konkurrenz dann zumeist über den Kampf um eine »bessere« Mütterlichkeit ausgetragen wird. Zweifelsohne haben Frauen hier in der Regel die besseren Karten, da sie die natürlichen Mütter sind. Aber in meiner Beratungspraxis kenne ich viele Frauen, die sich darüber beklagen, dass ihre Männer den Kindern gegenüber zu nachgiebig sind und die unangenehmen, »väterlichen« Entscheidungen den Müttern überlassen. Mir sind auch eine Reihe von Scheidungsvätern bekannt, die mit ihren Kindern etwas Schönes unternehmen und die Mühen des Alltags den Müttern überlassen.

Dieser letzte Punkt führt uns zu einer weiteren Weise, in der Väterlichkeit in Familien abgewehrt wird: den familiären Lebensformen, die aus Trennungen der Eltern hervorgehen. 2009 gab es in Deutschland etwa 8,2 Millionen Familien, in denen mindestens ein minderjähriges Kind lebte. 72% dieser Familien waren laut Mikrozensus Ehepaare, weitere 9% Lebensgemeinschaften ohne Trauschein und 19% alleinerziehende Mütter oder Väter[31]. Von den Alleinerziehenden wiederum waren etwa 90% Frauen, wobei die Väter tendenziell eher ältere Kinder betreuen[32]. Alleinerziehende Elternschaft ist somit eine feste Größe in der Familienlandschaft, zumal die Tendenz immer noch steigend ist. Und hier sind es vor allem die Mütter, die diese Familienform leben.

Bei einer Diskussion der Ursachen der Alleinerziehendenfamilie lässt sich nahtlos an das anschließen, was bereits zur Partnerschaftsgestaltung gesagt wurde. Sicher gibt es immer wieder Frauen, die bewusst einen Vater für ihr Kind ablehnen und nur einen »Samenspender« wollen. Aber die Regel ist das nicht. Alleinerziehende Elternschaft entsteht in den allermeisten Fällen aus dem Scheitern eines Partnerschaftsprojekts. Und im Gegensatz zur verbreiteten Ansicht, dass oftmals einer oder eine an dem Scheitern schuld sei, handelt es sich zumeist um ein gemeinsames Nichtmehrweiterwissen. Alleinerziehende Elternschaft ist in den allermeisten Fällen ein Zeichen für die Unfähigkeit eines Paares, eine Partnerschaft so zu entwickeln, dass das anfängliche Miteinander erhalten bleibt. In diesem Sinne gibt es nichts an der Tatsache zu beschönigen, dass diese Familienform zunimmt. Sicher kann jedes Partnerschaftsprojekt einen Punkt erreichen, an dem eine Trennung immer noch besser ist, als die Partnerschaft fortzusetzen – gerade auch für das Kind bzw. die Kinder. Aber um an diesen Punkt zu gelangen, müssen irrige oder überzogene Erwartungen Raum greifen und darüber die notwendige gemeinsame Entwicklung auf der Strecke bleiben. In diesem Sinn trägt eine alleinerziehende Elternschaft immer das Signum des Versagens. Der Wille vieler Eltern, aus dieser neuen Situation das Beste zu machen und sich dafür mit aller Kraft einzusetzen, sollte diesen problematischen Ausgangspunkt nicht leugnen. Denn egal, wie groß die Anstrengungen auch sein mögen, diese Familienform ist für die Kinder defizitär, insbesondere wenn wir das in der Erziehung notwendige Gleichmaß von Mütterlichkeit und Väterlichkeit betrachten.

Denn das muss jede alleinerziehende Mutter, jeden alleinerziehenden Vater überfordern. Es geht schlichtweg nicht, dass ein Mensch allein die rechte Balance zwischen mütterlichem und väterlichem Handeln zu halten vermag, auch wenn sicher in manchen Situationen mehr die eine und in anderen mehr die andere Seite gefragt ist. Aber wer sich bewusst und ohne Selbstlüge beobachtet, wird zweifelsfrei zugeben müssen, immer wieder zu streng und immer wieder zu nachgiebig auf sein Kind zu reagieren. Schon dafür ist »normalerweise« eine gemeinsame Elternschaft wichtig, da der jeweils andere die eigenen Übertreibungen in die eine oder andere Richtung ausgleichen kann. Das setzt selbstverständlich ein grundlegendes Miteinander voraus, damit solche Korrekturen keine Konkurrenz, sondern Hilfe sind. Und das ist selbst bei vielen Paaren, die noch zusammenleben, nicht der Fall. Doch bei einer alleinerziehenden Elternschaft besteht diese Problematik bereits per Definition. Die im zweiten Teil noch auszuführende Triangulierungsthematik lässt sich in einer Einelternfamilie de facto nicht ausreichend umsetzen.

Die zwangsläufige Überforderung der alleinerziehenden Elternschaft wird in der gesellschaftlichen Diskussion zunehmend verschwiegen. Um vor allem den Frauen immer wieder Mut zu machen, wird stattdessen die in unserer Gesellschaft übliche Ressourcenorientierung propagiert. So wird vor allem medial betont, wie gut doch die Alleinerziehenden ihre Situation meistern. Problematisiert wird in erster Linie die soziale Situation, die zugegeben gerade für alleinerziehende Mütter oft schlecht ist. Doch aus dem

Blick gerät bei dieser Engführung der Diskussion die *seelische* Situation der Kinder, die sich aus dieser Familienform zwangsläufig ergibt. Dass vor allem die alleinerziehenden Mütter als Benachteiligte dargestellt werden, aber nicht die Kinder, die im Gegensatz zu ihren Müttern eben nichts für die Situation können, in der sie sich befinden, ist der eigentliche Skandal. Denn damit wird die alleinerziehende Elternschaft und vor allem deren Zunahme in unserer Gesellschaft als Schicksal hingenommen und lediglich an den Symptomen gedoktert. Dabei steht hinter der Annahme, dass es sich um ein unabwendbares gesellschaftliches Schicksal handelt, dass sich so viele Eltern trennen, die bereits angesprochene Ergebenheit in das Schicksal »Liebe«, die kommt und geht, wie sie es will. Oder es wird die Meinung vertreten, dass vor allem der jeweils andere Schuld hat.

Der Mangel an Väterlichkeit in diesem Punkt ist vor allem der Mangel der klaren Aussage: Dass es so viele Alleinerziehende gibt, ist ein untrügliches Zeichen dafür, dass viele Frauen und Männer in unserem Land gar nicht mehr wissen, wie sie sich eine glückliche Partnerschaft überhaupt erarbeiten können. Die Sehnsucht danach ist oftmals da, aber an Wissen und Können fehlt es. Und selbst die Meinung, dass die Eltern keine guten Vorbilder waren und es deshalb keine gute Matrix für Partnerschaft gibt, ist nur teilweise richtig. Denn es stimmt zwar – ganz allgemein gesprochen – dass die Elterngenerationen zumeist kein gutes Vorbild für das Führen einer Partnerschaft abgaben. Aber nun steht die Nachfolgegeneration selbst in der Verantwortung. Wer erwachsen ist, mag über all das, was er nicht gelernt bekommen hat, schimpfen. Doch es enthebt ihn nicht der Verantwortung, sich ein besseres Leben zu erarbeiten. Aber das ist eben nicht leicht umzusetzen. Einfacher scheint es, im gegebenen Zustand zu verharren und in kindlicher Manier die Schuld für das eigene Schicksal von sich zu weisen. Väterlichkeit würde in diesem Fall also bedeuten, in die Verantwortung, ins Erwachsensein zu rufen!

Die andere Seite des Mangels an Väterlichkeit beim Thema »Alleinerziehende Elternschaft« betrifft diese Familienform an sich. Denn bei einem notwendigen Abwägungsprozess zwischen einem Mehr an Mütterlichkeit oder einem Mehr an Väterlichkeit bleibt in der Summe häufiger die Väterlichkeit auf der Strecke. Die Gefahr, die notwendigen Begrenzungen in der Kindererziehung immer wieder zu vermeiden, ist recht groß, vor allem wenn es keine partnerschaftliche Korrektur gibt. Wenn schon die Gesellschaft an sich durch einen Mangel an Väterlichkeit gekennzeichnet ist, so ist es in einer alleinerziehenden Elternschaft kaum möglich, diesem Trend zu entgehen. Und es ist in diesem Punkt auch nicht als Ausweg zu sehen, dass sich Mutter und Vater nach der Trennung das Zusammensein mit dem Kind teilen – im Gegenteil. So besteht sogar die Gefahr einer doppelten »Mutterschaft«, wobei beide jeweils ihre Energie auftanken können, wenn das Kind beim anderen ist, um dann noch mütterlich fürsorgender zu sein. Und wer möchte schon als der Strengere dastehen? Es werden in der alleinerziehenden Elternschaft die Bedürfnisse der »Eineltern« nach Geliebtwerden in besonderer Weise hervorgerufen. Nicht ohne Grund ist die Gefahr, das Kind als Partnerersatz zu missbrauchen, hier besonders groß und bis zu einem gewissen Punkt fast unausweichlich.

In einer Beratung:

Frau: »Meine Tochter zieht jetzt aus. Sie studiert in Jena und nimmt alles mit, obwohl sie das gar nicht müsste.«
Berater: »Und wie geht es Ihnen damit?«
Frau: »Naja, ich finde es schon gut, wie selbstständig

sie ist. Aber sie wird mir auch fehlen. Ich habe ja noch die jüngere Tochter, aber es war schon schön mit Alexandra in der letzten Zeit. Sie hat sich um vieles im Haushalt gekümmert. Da rief sie mich auch mal an: ›Mama, ich habe ein Brot gekauft.‹, und so. Sie war da schon wie eine Partnerin, mehr gleichberechtigt.«

Erwachsen gewordene Kinder von Alleinerziehenden berichten, dass sie bis in die Pubertät hinein bei Mutter im Bett schlafen mussten, dass sie bei wichtigen Entscheidungen immer mit gefragt wurden, dass ihnen beim Abendbrot die Arbeitsprobleme der Mutter erzählt wurden und so fort. Kinder, die einen großen Anteil am Leben der Mutter oder des Vaters haben, werden das selbst erst einmal nicht als problematisch empfinden – im Gegenteil. Sie werden das zunächst als Aufwertung sehen, als Bestätigung ihres Gutseins. Aber genau darin ist ein zentrales Kennzeichen von Missbrauch zu sehen. Denn die Eltern-Kind-Ebene verschwimmt und das Prinzip Väterlichkeit, das wichtig für die Entwicklung eines Kindes ist, löst sich auf. Die Kinder werden zu Freunden ihrer Mutter, ihres Vaters. Die Grenzlinie zwischen dem sinnvollen Einführen der Kinder in die Eigenverantwortung und einer altersungemäßen Überforderung ist in Einelternfamilien besonders schwierig zu erkennen, da bei ihnen eine partnerschaftliche Reflexion fehlt. Allerdings – und das ist natürlich nicht zu widerlegen – gibt auch eine bestehende Paarbeziehung längst keine Garantie für eine partnerschaftliche Elternschaft[33].

Es lässt sich nun die These aufstellen, dass die Schwierigkeiten einer Einelternfamilie dadurch abgemildert oder gar beseitigt werden, dass die alleinerziehende Mutter oder der alleinerziehende Vater eine neue Partnerschaft eingeht, die dann – so ist zu hoffen – besser gelingt als die ursprüngliche Partner- und Elternschaft. Und dieses Experiment wird auch zunehmend gewagt. Es wird angenommen, dass mittlerweile etwa jede 7. Familie in Deutschland eine sogenannte Patchworkfamilie ist[34]. Eine Patchwork- oder Stieffamilie »ist im traditionellen Sprachgebrauch eine Familie, bei der mindestens ein Elternteil ein Kind aus einer früheren Beziehung in die neue Familie mit eingebracht hat«.[35]

Die konkrete Gestaltung der Patchworkfamilien ist vielfältig. Ein Partner oder beide können Kinder in die neue Partnerschaft mitbringen, die Kinder können von dem gleichen biologischen Vater oder der gleichen biologischen Mutter abstammen oder eben auch von unterschiedlichen. Die Kinder können ihren Lebensmittelpunkt in der neuen Familie haben oder sie sind nur an Wochenenden da, und so fort. Doch so unterschiedlich die Gestaltung der jeweiligen Lebensform ist, geht es beim Thema dieses Buches um die Frage, wie sich Väterlichkeit auch in diesen Familien verwirklichen lässt. Und da haben es gerade die Patchworkfamilien besonders schwer.

Natürlich bemühen sich unzählige Frauen und Männer, mit einer neuen Partnerschaft »Normalität« in ihr eigenes Leben und das der Kinder zu bekommen. Aber kann das wirklich gelingen? Bei aller Unterschiedlichkeit bei der konkreten Gestaltung der Patchworkfamilie gibt es zwei grundsätzliche Herangehensweisen, den neuen Partner in die Familie zu integrieren, die es anzuschauen gilt: Die erste liegt darin, dass die biologische Mutter, der biologische Vater die alleinige Verantwortung für sein Kind behält. Das entspricht dem Sorgerecht. Nach dem hat der hinzugekommene Partner keine Rechte und auch keine Pflichten bei der Kindererziehung. Andererseits besitzt natürlich der Alltag seine Macht. Das bedeutet auch in dieser Familienkonstruktion, dass vom hinzugekommenen Partner Verantwortlichkeiten übernommen werden. Ohne dem ist ein alltägliches Zusammenleben mit Kindern sicher nicht vorstellbar. Doch das hat seine Grenzen, wenn es um grundlegende Entscheidungen geht bzw. bestimmte Herangehensweisen dem biologischen Elternteil nicht gefallen.

Die andere Variante besteht darin, dass der hinzugekommene Partner bewusst und in beiderseitigem Einverständnis die soziale Elternschaft übernimmt. Das wäre der Versuch, das angesprochene »strukturelle« Defizit der alleinerziehenden Elternschaft zu heilen. Doch auch hier bleibt das erwähnte Sorgerecht allein beim biologischen Elternteil. Das heißt, dass dieser in letzter Konsequenz immer dem sozialen Vater oder der sozialen Mutter die Entscheidungsgewalt nehmen kann. Das Modell der sozialen Elternschaft kann also nur so lange gut gehen, wie der hinzugekommene Partner die Erwartungen des »Biovaters« oder der »Biomutter« erfüllt. Das mag manchmal ein Schutz für das Kind bedeuten. Aber wer kann schon sagen, dass der soziale Vater oder die soziale Mutter nicht manches sogar besser machen könnte?

AUS EINER PAARBERATUNG:

Eine Frau, Akademikerin, lebt in zweiter Partnerschaft. Ihre beiden Kinder sind aus der ersten. Die Kinder haben Kontakt zu ihrem Vater, aber ihr Lebensmittelpunkt ist eindeutig die Wohnung der Mutter. Da die Kinder beim Zusammenkommen der Mutter mit dem jetzigen Partner bereits in die Schule gingen, entschieden sich beide ganz bewusst, dass sie zwar gemeinsam den Alltag verbringen, aber er wird auch im sozialen Sinn keine väterliche Verantwortung übernehmen, zumal er selbst auch einen Sohn hat, der allerdings seinen Mittelpunkt bei seiner Ex-Partnerin hat und nur an Wochenenden beim Vater ist. Das Problem, weswegen die beiden in die Paarberatung kamen, bestand darin, dass sich die Frau zunehmend von ihrer Situation überfordert fühlte. *Sie ist in ihrer eigenen psychischen Konstitution eher haltlos und gewinnt ihre Struktur über die Alltagsbeziehungen mit Partner und Kindern. Das heißt, dass ihr das Alltagsleben mit seinen klaren Anforderungen Stabilität gibt.*

Ins Wanken gerät diese Stabilität durch Schwierigkeiten, die ihr das größere Kind – ein Mädchen im Alter von 17 Jahren – macht. Sie schwänzt die Schule, kommt mit dem Gesetz in Konflikt und der Schulabschluss steht auf der Kippe. Die Mutter bemüht sich verzweifelt, dass die Tochter wenigstens die 10. Klasse schafft. Aber ihr ist es allein und gemäß ihrer inneren Verfassung kaum möglich, die ausreichenden Bedingungen aufzustellen und notwendige Grenzen zu setzen. Immer wieder ist sie zu nachsichtig. Ihre Befürchtung ist, dass sie ihre Tochter mit Begrenzungen noch mehr ins Unglück stürzt. In der Tiefe aber hat sie Angst, ihre Tochter und damit ihren eigenen Halt zu verlieren, wenn sie zu streng ist.

In dieser Situation fällt der Ursprungsvater aus. Er ist nicht in der Lage, ausgleichend einzugreifen und beispielsweise seine Tochter in dieser kritischen Situation zu sich zu nehmen, um sie damit der haltlosen Mütterlichkeit zu entziehen. Wobei unklar ist, ob die Mutter dem zugestimmt hätte. Aber ein Versuch wäre es wert gewesen.

Der jetzige Partner der Frau war schon eher in der Lage, die notwendige Strukturierung und Begrenzung der Tochter seiner Partnerin vorzunehmen. Die Mutter fordert ihn auch immer wieder auf, sie zu unterstützen und dem Kind zu helfen. Da er sich schon im Alltag der problematischen Situation nicht entziehen kann,

bringt er sich auch zunehmend ein. Jedoch liegt das Problem nun darin, dass die Frau weiterhin zu sehr an ihrer Tochter festhält. Wenn ihr Partner das anfragt, wird sie sofort widerständisch gegen seine Äußerungen und sein Verhalten. So sehr sich die Mutter also Unterstützung wünscht, entzieht sie dem Partner sofort das Mandat, sobald sie selbst an ihre Grenzen kommt.
Frau: »Ich trage doch die Verantwortung.«

Die Frau hat recht. Aber zugleich wird deutlich, dass sie damit überfordert ist. Solch eine Überforderung wird vielleicht als Makel empfunden und daher vehement geleugnet. Die Betroffenen selbst werden sich zumeist bemühen aufzuzeigen, wie gut sie allein ihre Verantwortung zu tragen vermögen. Aber die Überforderung ist bei einer alleinigen Verantwortung für ein Kind normal. Das Problem der sozialen Elternschaft, die das zumindest theoretisch abfedern könnte, liegt darin, dass es eine »Verantwortungsübergabe aus Gnade« ist. Der Ursprungselternteil kann immer dann, wenn es ihm aus irgendeinem Grund nicht passt, dem sozialen Elternteil die Verantwortung entziehen und ihn damit entmachten. Andererseits gibt es auch umgekehrt keine Garantie, dass diese Verantwortungsübernahme auf Dauer angelegt ist. Wenn sich das Paar trennt, zieht sich damit zwangsläufig der soziale Elternteil aus der unmittelbaren Verantwortung zurück. Die biologische Mutter, der biologische Vater haben also auch selbst keine Sicherheit, dass die Verantwortungsteilung Bestand hat. Somit wird die Ursprungselternteil-Kind-Beziehung die stabile Größe in den Familienstrukturen unserer Gesellschaft. Partner kommen und gehen, Kinder bleiben. Und Väterlichkeit gerät bei dieser Entwicklung zwangsläufig ins Hintertreffen.

Auch wenn dies zumeist die Mutter-Kind-Beziehung ist, denn 90 Prozent der Alleinerziehenden sind Mütter, ist das kein ausschließliches Thema der Frauen. Mir jedenfalls sind mehrfach Männer begegnet, die ihren Kindern gegenüber eine überbordende Mütterlichkeit an den Tag legten und Kritik der neuen Frau kategorisch ablehnten bzw. alltägliche Abweisungen der Kinder der Frau gegenüber befürworteten. Dieses Problem ist keineswegs auf die biologischen Mütter und ihre neuen Partner begrenzt. Gerade weil sich immer mehr Väter auch nach einer Trennung intensiv um ihre Kinder kümmern, handelt es sich um ein Geschlechter übergreifendes Problem. Es ist immer seltener das Problem, dass die Väter fehlen. Vielmehr hat Väterlichkeit keine Chance.

In dem Beispiel wird zudem ein wichtiger Grund sichtbar, warum dem so ist: Väterlichkeit ist nicht auf Harmonie aus, zumindest nicht vorrangig. Das Setzen von Grenzen kann sehr schwierig sein und allen Beteiligten wehtun. Väterlichkeit beweist sich dort, wo es kein gemeinsames Einverständnis gibt. Sie ist das »Trotzdem«, das sich durchsetzen muss, auch wenn es viele Gründe zu geben scheint, »liebevoller« miteinander umzugehen. Dafür aber braucht Väterlichkeit einen festen Stand. Und den hat sie in unserer Gesellschaft nicht.

DIE GRENZEN VON VÄTERLICHKEIT IN UNSERER GESELLSCHAFT

Väterliches Handeln wird zwar immer wieder gewünscht, aber dieser Wunsch besteht nur bis zu einem bestimmten Punkt. Wird dieser Punkt überschritten, trifft Väterlichkeit auf Ablehnung. Politiker sollen natürlich Führungskraft beweisen und Entscheidungen treffen. Aber diese Erwartung reicht nur so weit, bis die Entscheidungen für eine gesellschaftliche Gruppe unangenehm werden. Dann wird sich diese Gruppe mit der Drohung zu Wort melden, dass nun die Existenz der Gesellschaft in Gefahr sei. Ich habe selbst einige Zeit in einem Personalrat mitgearbeitet und kenne daher die reflexartigen Reaktionen, die immer dann auftreten, wenn Beschäftigten etwas Neues zugemutet wird. Es findet erst einmal keine Prüfung statt – oder zumindest nur im Stillen. Nach außen wird sofort Unheil beschworen. Nun bin ich für soziale Gerechtigkeit und prangere selbst die Vielzahl schreiender Ungerechtigkeiten an, die es in unserem Land gibt. Aber wenn bei fast jeder politischen Entscheidung den Entscheidungsträgern Unmenschlichkeit und Versagen vorgeworfen werden, wird der Einsatz für die an sich gerechte Sache hohl. *Das* sehe ich als das zentrale Problem auch der Gewerkschaften an, der jeweiligen politischen Opposition ohnehin. Es ist immer leicht, Verantwortungsträger zu denunzieren und ihnen falsche Entscheidungen vorzuwerfen, wenn man sie selbst nicht treffen muss.

Selbstverständlich wird im Großen wie im Kleinen Väterlichkeit gefordert. Es soll in der Politik, in den Firmen, in Vereinen, in Familien Entscheidungsträger geben, die den anderen die Richtung vorgeben und deren Leben erleichtern. Überall finden wir Menschen, die sich Orientierung wünschen. Das ist auch nicht grundsätzlich zu kritisieren, da sich hierin ein wesentliches Merkmal unserer komplexen, arbeitsteiligen Gesellschaft zeigt. Es geht nicht, dass alle an jedem Punkt mitreden wollen. Es ist der Preis unserer Zivilisation, dass jeder Mensch Entscheidungen für bestimmte, auch weitreichende Lebensfelder delegiert. Insofern sind die Forderungen an die Entscheidungsträger richtig und wichtig, sie sollen nach bestem Wissen Entscheidungen treffen und ihnen nicht aus dem Weg gehen. Doch dann werden genau diese Menschen beschimpft, wenn die Richtung ihrer

Entscheidungen nicht dem entspricht, was sich die anderen darunter vorstellen. Damit soll keineswegs Kritik verboten werden. Aber der Reflex, mit dem Entscheidungen abgelehnt und manchmal niedergemacht werden, hat öffentliche Diskussionen längst vergiftet.

Es handelt sich auch nicht nur um ein Thema der Politik. Denn zu Recht beklagt sich eine Frau, dass sich ihr Mann aus der Kindererziehung heraushält. »Du musst den Kindern auch mal sagen, dass sie beim Essen nicht kleckern sollen.« Aber wenn der Mann dann schimpft, weil wieder etwas auf die Tischdecke getropft ist, ergreift die Frau sofort Partei für die Kinder: »Das ist doch nicht so schlimm. Das kann man doch waschen.« Die Frage, die so schwer zu beantworten ist, lautet, ob das Schimpfen wirklich so heftig war, wie es die Frau empfunden hat oder ob sie sich nur einfach zu sehr mit ihren Kindern identifiziert hat. Objektiv lässt sich das schwer entscheiden. Doch der »gesunde Menschenverstand« in unserer Gesellschaft geht erst einmal wie selbstverständlich davon aus, dass das Schimpfen zu heftig war.

Wir treffen auf das paradoxe Phänomen, dass Väterlichkeit zwar gefordert, dass sogar der Mangel an Väterlichkeit immer mal wieder beklagt wird. Aber die geforderte Väterlichkeit soll nicht wehtun, sie soll das machen, was von ihr erwartet wird, sie soll im gesteckten Rahmen bleiben. Doch bereits die aufgeführten Beispiele beschreiben als ein zentrales Merkmal von Väterlichkeit, dass sie für alle Beteiligten unangenehm sein kann. Der Maßstab, an dem sich Väterlichkeit beweisen muss, ist eben nicht das Gemochtwerden, sondern sind Prinzipien und Wahrheit.

Die Gefahr, in der Väterlichkeit damit steckt, wird schnell deutlich. Das väterliche Schimpfen kann zu heftig, die Mitarbeiterführung zu unbarmherzig, die politischen Entscheidungen zu wenig weitsichtig sein. Väterlichkeit kann wirklich sehr schnell überzogen, autoritär und falsch sein, womit die Grenze zu einem unangemessenen Verhalten leicht überschritten wird. Es wird im zweiten Teil des Buches auch noch zu klären sein, wie sich Maßstäbe für eine gute Väterlichkeit finden lassen. Und diese Klärung besitzt entscheidende Bedeutung für die Entwicklung einer Gesellschaft, die ein positives Verhältnis zu Väterlichkeit entwickelt. Insofern haben Väterlichkeitskritiker auch recht, wenn sie diese Gefahr beschreiben. Jedoch gibt es in unserer heutigen Gesellschaft ein deutlich weiter verbreitetes Problem: Die Gefahr und auch die – statistisch gesehen – vereinzelte Praxis einer überzogenen und falschen Väterlichkeit werden genutzt, um eine eigenständige Väterlichkeit insgesamt zu denunzieren. Es wird eine »kastrierte Väterlichkeit« gewünscht: angepasst, gutwillig und sanft – nur eben nicht unangenehm.

An dieser Stelle wird der untergründige Sinn mancher Diskurse in unserer Gesellschaft deutlich. Solche Diskurse bestehen beispielsweise darin, zu Recht kritisierbare Verhaltensweisen und Zustände zu brandmarken. Doch neben dem vordergründigen Sinn transportieren diese Debatten häufig auch andere Inhalte – und oft genug eine Abwehr von Väterlichkeit. So ist beispielsweise die Diskussion um häusliche Gewalt seit Jahren einseitig auf männliche Gewalt reduziert.

Ankündigung der ARD-Sendung »hart aber fair« vom 13.4.2011:

Der Feind in der Familie – wenn der Mann zum Schläger wird
Prügel für die Partnerin und die Kinder – das gibt es zu oft in Familien. Und zu selten wird darüber geredet. Der Hilfsarbeiter schlägt, der Professor schlägt – und vielleicht auch Ihr Nachbar. Wenn Männer gewalttätig werden – das Tabuthema bei hart aber fair – mit Betroffenen und Experten.[36]

In Fachkreisen ist längst bekannt, dass häusliche Gewalt ebenso häufig von Frauen ausgeübt wird wie von Männern. Kinder werden von ihren Müttern zudem häufiger geschlagen. Nun sollte davon ausgegangen werden, dass das Schlagen des Partners/der Partnerin und vor allem der Kinder grundsätzlich zu verurteilen ist – egal wer dies tut. Eine Sendung, die sich diesem Thema zuwendet, sollte also Gewalt aufdecken und verurteilen, egal von wem sie ausgeführt wird. Da mag es dann auch geschlechtsspezifische Aspekte geben. Aber nicht die Geschlechtsspezifik ist an Gewalt zu verurteilen, sondern die Tat an sich.

Dass in dieser Sendung explizit männliche Gewalt in der Familie thematisiert und weibliche Gewalt völlig verschwiegen wird, kann also nicht nur mit der berechtigten Abscheu gegen Gewalt zusammenhängen. Diese Abscheu wird benutzt, um weitere Inhalte zu transportieren. Welche das sind, macht die Überschrift der Sendung deutlich: »Der Feind in der Familie – wenn der Mann zum Schläger wird«. Es geht um den Mann in der Familie, der zum Feind wird, wenn er aus der Norm fällt. Unberücksichtigt bleibt, dass ebenso viele Frauen aus der Rolle fallen und dies an sich ebenso verurteilenswürdig ist. Perfide ist an dieser Sendungsgestaltung, dass niemand wirklich mit gutem Gewissen Partei für Männer ergreifen kann, die Frau und Kinder schlagen. Und so bemühen sich die anwesenden Männer mit aller Macht, sich als bessere Männer darzustellen. Keine der anwesenden Frauen hat ein vergleichbar ungutes Gefühl, was die Frauen betrifft. Hier wird höchstens diskutiert, ob Frauen häufig zu lange in der Opferrolle verharren. Doch auch das ist – wie wir aus der Fachliteratur wissen – keine Geschlechtsspezifik. Und so erfüllt die Sendung – vielleicht ganz ungewollt – ihren Zweck: Das Misstrauen gegen die Familienväter wird geschürt.

Der ergänzende Diskurs zum »gewalttätigen Vater« ist der über die »neuen Väter«. In ihm wird ein Vaterbild

entworfen, das sich von den realen wie auch vermeintlich schlechten Eigenschaften traditioneller Väterlichkeit abgrenzt. Der »neue Vater« ist ja nicht so schlimm, er bemüht sich, all die Fehler zu vermeiden, die bisher mit Väterlichkeit in Verbindung gebracht wurden. Es wird so zwischen den guten und den schlechten Vätern unterschieden. Die schlechten sind die Gewalttätigen, die Missbräuchler, die Abwesenden. Die guten sind die Mütterlichen.
Auf der Strecke bleibt das eigenständige Vatersein, bleibt die sich ihrer selbst bewusste Väterlichkeit. Und genau das lässt sich als zentrale Konsequenz solcher gesellschaftlichen Diskurse, wie der über männlich-häusliche Gewalt beschreiben. Dass Gewalt aufgedeckt und verurteilt werden muss, ist selbstverständlich. Wenn aber mit dieser Botschaft Väterlichkeit in enge und vordefinierte Grenzen gewiesen wird, dann wird der Mangel an Väterlichkeit in unserer Gesellschaft verfestigt.

Die Begrenzung von Väterlichkeit ist dabei wahrlich nicht nur ein familiäres Thema. Denken Sie an die Gefängnisse, denken Sie an die »Konfrontative Pädagogik«, an die Heimunterbringung, an das Jungendstrafrecht, an die begrenzte Sicherheit vor Straftätern, an die notwendige Einschränkung des Mutterschutzes in der Probezeit, die notwendig väterliche Ansprache an diejenigen, die keine Kinder haben wollen und so weiter und so fort. All diesen Einsichten, jeder dieser Forderungen lässt sich mit dem Argument der Inhumanität beggegnen. Wer solche harten Maßnahmen fordert, ist inhuman. Und wer will das schon sein?

Der Vorwurf der Inhumanität hat sich als wirkungsvolle Waffe gegen Väterlichkeit entwickelt. Unsere Gesellschaft nutzt gerechtfertigte oder auch nur vermeintliche humanitäre Maßstäbe zur Abwehr von Väterlichkeit. Wer zu väterlich ist, wer unangenehme Wahrheiten vertritt und damit riskiert, sich gegen »die Seinen« zu stellen, wer Prinzipien vertritt, auch wenn diese gerade nicht opportun sind, gerät schnell in die Gefahr, der Inhumanität bezichtigt zu werden und damit aus dem Bund der »guten Staatsbürger« herauszufallen. »Frauenfeindlichkeit« und »Menschenverachtung« gehören in diesem Zusammenhang zu den wirkungsvollsten Vorwürfen, um jemanden zum Schweigen zu bringen. Sie und noch einige mehr beschreiben selbstverständlich ablehnungswürdige Haltungen. Sie können aber auch jemandem angeheftet werden, auf den sie so nicht zutreffen. Damit lassen sich unbeliebte Meinungen denunzieren und am Ende wird kaum noch gefragt, ob der Vorwurf überhaupt stimmt. Bei einer als zu eigenständig empfundenen Väterlichkeit lautet die Botschaft in privaten Beziehungen wie in der Politik: Wer Mütterlichkeit bremst, wer Grenzen setzt und harte Entscheidungen trifft, ist inhuman.

Dass dem entschieden zu widersprechen ist, dass Humanität vielmehr als ein guter Ausgleich zwischen Mütterlichkeit und Väterlichkeit zu verstehen ist, sollte aus den bisherigen Ausführungen bereits deutlich geworden sein. Inhumanität lässt sich vielmehr als ein aus dem Gleichgewicht geratenes Verhältnis von Mütterlichkeit und Väterlichkeit verstehen. Väterlichkeit ohne Mütterlichkeit wird totalitär, während Mütterlichkeit ohne Väterlichkeit in Depressionen versinken lässt. Eine überschäumende Väterlichkeit ist in unserer Gesellschaft jedoch keine Gefahr. Es besteht vielmehr das Problem einer überbordenden Mütterlichkeit beziehungsweise einer überbordenden Sehnsucht nach Mütterlichkeit.

»AUF DEM WEG ZUR VATERLOSEN GESELLSCHAFT«

Die Darstellung des Mangels an Väterlichkeit in unserer Gesellschaft offenbart zahlreiche Facetten. Das verbindende Element aller ist das Fehlen von ausreichendem Willen und Kraft, dem Prinzip des Väterlichen in der Gesellschaft, aber auch in privaten Beziehungen den nötigen Raum zu verschaffen.

Die nachfolgende Tabelle fasst noch einmal die unterschiedlichen Merkmale der Väterlosigkeit in unserer Gesellschaft zusammen, die sich aus der vorangegangenen Darstellung ergeben. Die Beispiele in der zweiten Spalte sollen als Erinnerungsstütze dienen, auf welche Situation sich das jeweilige Mangelmerkmal bezieht. Es sind dabei nicht unbedingt die Akteure gemeint, die dem Beispiel ihren Namen gaben. Wenn also beispielsweise beim »Mangel an Durchsetzungskraft« die »Gate-Keeper-Funktion der Mütter« genannt wird, dann ist damit nicht gemeint, dass die Mütter eine mangelnde Durchsetzungskraft hätten, sondern dass dies in diesem Beispiel gerade auf die Väter zutrifft.

Mangel an	Beispiele
Konsequenz / Grenzziehung	· Affäre »zu Guttenberg« · Jugendgerichtsbarkeit
Anstand	· Das Verhalten Angela Merkels in der Affäre »zu Guttenberg«
moralischen Prinzipien / Prinzipienfestigkeit	· Politische Auseinandersetzungen
schmerzhaftem Realismus	· Staatsverschuldung
Frustrationstoleranz	· »Schulverlegung«

Konstruktivität	· Politische Auseinandersetzungen
Erziehung zur Verantwortung	· Gefängnisse
Ehrlichkeit	· Sicherheit und Kriminalität
Konfrontation	· Supervisionsgruppe
	· Patchworkfamilien
realistischen Zumutungen	· Mutterschutz in der Probezeit
Struktur	· Präventionsveranstaltung mit Jugendlichen
Respekt	· Verhalten in der Sozialen Arbeit
Konfliktfähigkeit	· »Feminisierung der Pädagogik«
Willen zur Beziehung	· Soziale Arbeit
Bereitschaft zu Mühe und Anstrengung	· Partnerschaften
	· Student, der noch nicht fertig werden möchte
	· Unwille zur Elternschaft
Eigenständigkeit	· »Muttergebundener Vater«
Offenheit	· Emotional missbrauchende Väter
Kontakt zu sich und anderen	· »Väter, die den Krieg erlebten«
Identität	· »Neue Väter«
Durchsetzungskraft	· »Gate-Keeper-Funktion« der Mütter
	· »Lokführer«
Partnerschaftsfähigkeit	· Romantisches Liebesideal
realistische Sicht bestehender Grenzen	· Alleinerziehende

Tab 1: Merkmale des Mangels an Väterlichkeit

Die zahlreichen Formen des Mangels an Väterlichkeit korrespondieren mit einer Sehnsucht nach und einer Ablehnung von Väterlichkeit. Die Ablehnung, die am Beispiel der Schulverlegung aufgezeigt wurde, ist ein weitverbreitetes Phänomen und von ebensolch selbstverständlicher Alltäglichkeit wie der Mangel. Verleumdungen und Diffamierungen (Beispiel: »hart aber fair«) sind in unserer Gesellschaft normal und werden in ihrer Funktion für die gesellschaftliche Meinungsbildung gegen Väterlichkeit als Prinzip nicht ausreichend wahrgenommen. Ob die Ablehnung von Väterlichkeit den Mangel zur Folge hat oder ob der erlebte Mangel die Ablehnung nach sich zieht, ist in der Genese des Phänomens »Väterlichkeit in unserer Gesellschaft« schwer zu beurteilen. Biografisch lässt sich sicher konstatieren, dass der erlebte Mangel an Väterlichkeit in der Kindheit zu deren Ablehnung im weiteren Lebensverlauf führt. Die genaueren Mechanismen werden im zweiten Teil aufgezeigt.

Die Sehnsucht nach Väterlichkeit, die in unserer Gesellschaft ebenfalls weitverbreitet ist, ist nur als ein scheinbarer Widerspruch zur Ablehnung zu verstehen. Denn die Sehnsucht findet ihre Grenze da, wo sich Väterlichkeit notwendigerweise zumuten muss, wo sie unangenehm wird. Umgekehrt meint die Ablehnung von Väterlichkeit nur selten die Ablehnung des Vaters an sich. Sondern auch hier ist die schwierige, die sperrige Seite von Väterlichkeit gemeint. Daher trifft sich die Sehnsucht nach und die Ablehnung von Väterlichkeit im gesellschaftlichen Konstrukt des »unväterlichen Vaters«. Der wiederum ist der Protagonist des Mangels an Väterlichkeit.

Dass es sich bei der Darstellung des Mangels an Väterlichkeit in unserer Gesellschaft um kein Nebenthema handelt, sondern dass damit die Grundfesten unseres Zusammenlebens berührt sind, zeigt das nachfolgende Beispiel:

»Mutter erschiesst ›aufmüpfige‹ Kinder

Familiendrama in Florida: Eine Mutter aus dem US-Bundesstaat Florida hat ihre beiden jugendlichen Kinder getötet – offenbar weil sie von Widerworten der Teenager genervt war.

Washington - Die Szene war so grausig, dass die Ermittler am Tatort psychologisch betreut werden mussten. Eine Mutter in Florida hat ihre beiden Kinder im Alter von 13 und 16 Jahren erschossen – weil sie ›Widerworte‹ gaben. Das sagte sie Angaben des TV-Senders ABC zufolge den Polizisten, die sie blutverschmiert in ihrem Haus in Tampa vorfanden.

Es geschah am vergangenen Donnerstagabend: Da holte die Mutter ihren 13-jährigen Sohn wie üblich mit dem Auto vom Fußballtraining ab. Vor dem Aussteigen erschoss sie ihn aus nächster Nähe in der Garage und ging dann ins Haus, wo ihre 16-jährige Tochter gerade am Computer saß und ihre Schulaufgaben erledigte. Die Mutter schoss ihr in den Hinterkopf.

Erst am nächsten Morgen kam die Polizei: Die in Texas lebende Mutter der mutmaßlichen Täterin hatte sich Sorgen gemacht, weil sie ihre Tochter nicht erreichen konnte, und Alarm geschlagen.

Bei ihrer Ankunft fanden die Beamten den toten Jungen im Auto, das erschossene Mädchen entdeckten sie vor dem Computer. Die Mutter gab nach Angaben einer Polizeisprecherin die Tat zu: Sie sei es leid gewesen, dass ihr die beiden ›aufmüpfigen‹ Kinder immer Widerworte gegeben hätten. Die Pistole hatte sie schon Tage vor der Tat gekauft. Und die Polizei fand im Haus einen Zettel vor, auf dem die Frau detailliert ihre Absicht schilderte, die Kinder umzubringen – und dann sich selbst.

Nach Angaben ihrer eigenen Mutter litt die 50-Jährige an Depressionen. Der 48-jährige Vater, ein Heeresoberst, erfuhr während eines Einsatzes im Nahen Osten von der Tragödie. Nach außen sah offenbar alles perfekt aus. Nachbarn sprachen von einer glücklichen Familie, wie aus dem Bilderbuch. Zwei wohlgeratene Kinder, gut in der Schule, begabt, nett, immer höflich, ein Vater mit einer erfolgreichen Karriere beim US-Militär: ›Niemand hätte sich so etwas in den schlimmsten Träumen ausmalen können‹, sagten Nachbarn.«[37]

Dieses Beispiel zeigt sehr anschaulich, wenn auch in vielfacher Vergrößerung, wohin ein Mangel an Väterlichkeit führen kann. Wir entdecken bereits angesprochene Themen wieder: der abwesende Vater, die faktisch alleinerziehende, überforderte Mutter, die Normalität des Alltags, der in seiner scheinbaren Freundlichkeit das tiefe Elend der Familie verdeckt. Sicher ist die Mutter in diesem Beispiel als psychisch krank einzuschätzen. Doch Zeichen dieser psychischen Erkrankung ist, dass sie kein ausreichendes Maß an Väterlichkeit aufzubringen vermag, um sich und ihre Kinder zu schützen. Wir bekommen damit – zugegeben in überspitzter Weise – vor Augen geführt, wohin unsere Gesellschaft in ihrem Mangel an Väterlichkeit driftet: in eine Inhumanität, die aus Überforderung, struktureller Schwäche und mangelnder Empathie resultiert.

Dabei sind die mahnenden Worte längst bekannt. Der Kinder- und Jugendpsychiater Michael Winterhoff hat in seinem Buch »Warum unsere Kinder Tyrannen werden«[38] sehr anschaulich aufgezeigt, wohin die Entwicklung unserer Kinder führt, wenn sie zu wenig Begrenzung und Führung erfahren und damit in ihrer seelischen Entwicklung allein gelassen werden. Es treten Entwicklungsdefizite auf, die daraus resultieren, dass die Kinder von ihren Eltern, aber auch von anderen Erziehungsinstanzen nicht als Kinder, sondern als »Partner« angesehen werden. Sie haben so einen großen Anteil an der Welt der Erwachsenen, sind damit aber völlig überfordert. Winterhoff stellt fest, dass viele Kinder aufgrund ihrer Überforderung bei einem Entwicklungsstand von etwa sechs Jahren stehen bleiben. Diese Situation lässt sich mit einem »Mangel an Väterlichkeit« zusammenfassen. Und Winterhoff musste aufgrund der Vielzahl der Entwicklungsstörungen bei Kindern erkennen, dass es sich dabei keinesfalls um isolierte familiäre Probleme handelt, sondern dass er ein gesellschaftliches Phänomen beobachtet. Es ist durch eine permanente Überforderung auch der Erwachsenen gekennzeichnet.

Interessant ist, dass manche wissenschaftliche Untersuchungen ähnliche Phänomene beobachten, jedoch einen völlig anderen Schluss ziehen. So entwickeln Andrea Bambey und Hans-Walter Gumbinger als Resultat einer eigenen Untersuchung[39] verschiedene Vätertypen, von denen der »egalitäre Vater« mit fast 30 Prozent die größte Gruppe darstellt. Doch während die anderen Vätertypen von den Wissenschaftlern als traditionell, unsicher und randständig charakterisiert werden, wird diese Vatergruppe als modern, sicher in ihrem Rollenverhalten und positiv auch von der eigenen Familie eingeschätzt beschrieben. »Dieser Typus entspricht im Grund dem Bild des idealen Vaters. Er nimmt sich als der partnerschaftliche, dem Kind zugewandten und von der Mutter hoch akzeptierten Vater wahr.«[40] Während sich die Kritik der Autoren an den sogenannten »traditionellen Vätern« oder auch an den »abwesenden Vätern« mit meinen Ausführungen deckt, läuft die Charakterisierung des »egalitären Vaters« als »idealen Vater« konträr zur vorliegenden Analyse und auch zu den Erfahrungen, die Winterhoff beschreibt. Nach der Logik der beiden Sozialwissenschaftler hätte die Lösung für die Frau, die aus ihrer Überforderung heraus ihre Kinder umgebracht hat, darin bestanden, dass ihr Mann da gewesen wäre und sich gleichermaßen mütterlich um die Kinder gekümmert hätte. Damit aber wäre nicht das Problem mangelnder Begrenzung behoben, sondern die Überforderung und Verwöhnung der Kinder nur auf mehr Schultern verteilt worden. Das hätte sicher für die Frau eine Entlastung bedeutet und möglicherweise den Mord an den Kindern verhindert. Aber das eigentliche Problem eines Mangels an Väterlichkeit wäre keinesfalls gelöst.

Der logische Einwand, dass die Kinder damit immerhin weitergelebt hätten, ist auf das individuelle Schicksal bezogen richtig. Aber er verkennt zugleich die dramatischen Folgen, die der Mangel an Väterlichkeit auch ohne Morde hat. Winterhoff haben diese Folgen, die er täglich in seiner Praxis erleben musste, überhaupt erst zum Schreiben seines Buches veranlasst:

»Gab es vor 15 oder 20 Jahren etwa zwei bis vier auffällige Kinder pro Schulklasse, so hat sich das Verhältnis heute genau umgedreht, wie etwa das Beispiel des Eingangstests an der Grundschule in Kapitel 2 gut zeigt: Von etwa 25 Kindern in einer Schulklasse sind heute noch zwei bis vier komplett unauffällig, alle anderen zeigen, in der Mehrzahl miteinander kombinierte, Störungsbilder.«[41]

Es lässt sich nur erahnen, welches individuelle seelische Leid hinter dieser Aussage stecken mag. Verhaltensauffälligkeiten sind eben kein Zeichen von Bösartigkeit der Kinder, sondern Ausdruck von Not. Und diese Not resultiert aus einem Mangel an Väterlichkeit, der eine Vielzahl der Familien in unserem Land prägt und Kinder in ihrem – zumeist nicht so offensichtlichem – seelischen Elend allein lässt. Der »partnerschaftliche«, »egalitäre« oder auch »neue« Vater bringt in dieser Konstellation höchstens ein wenig Entlastung – vor allem für die Mutter, die in ihren überbordenden Ansprüchen hoffnungslos überfordert ist. Für sie scheint der Ausweg darin zu bestehen, dass die Aufgabe der Mütterlichkeit mit dem Vater geteilt wird. Aber es kann eben nicht darum gehen, dass die überbordende Mütterlichkeit noch mehr perfektioniert wird, sondern dass sie begrenzt und ihr eine eigenständige, gleichberechtigte Väterlichkeit gegenübergestellt wird. *Das* ist der Weg, den Kindern eine normale Entwicklung zu gewährleisten.

Der Zeitraum von etwa zwanzig Jahren, auf den sich Winterhoff bezieht, umfasst die Spanne, in der die »neue Vaterschaft« propagiert wird, und er bezieht sich in seiner Analyse ausdrücklich auf die 68er-Bewegung, die sich gegen die Väter richtete, jedoch keine wirklich neue und eigenständige Väterlichkeit entwickelte.

STUDENT, 28 JAHRE:

Er studiert im 11. Semester Wasserwirtschaft und hat eine Prüfung verschlafen. Um Hilfe auch gegenüber möglichen Sanktionen zu bekommen, geht er deshalb in die Studentenberatung der Hochschule. Dabei stellte sich heraus, dass ihm insgesamt noch 16 Scheine bis zum Anmelden der Diplomarbeit fehlen und er noch nicht einmal das Vordiplom abgeschlossen hat. Das bedeutet, dass er noch mehrere Semester bräuchte, um mit seinem Studium fertig werden zu können. Er fühlt sich insgesamt struktur- und planlos und braucht Rat fürs Studium.
Ein paar Jahre zuvor war er für mehrere Monate in einer Psychiatrie, seit zwei Jahren absolviert er eine Psy-

choanalyse, die jedoch darin besteht, dass er alle zwei Wochen für 15 Minuten bei seinem Analytiker ist. Zudem bekommt er von einem Psychiater Medikamente, um seinen Alltag halbwegs meistern zu können. Sein Vater gibt ihm monatlich 600 EUR und würde diese nach Einschätzung des Studenten noch Jahre weiter zahlen.

Er kommt auch deshalb in die Beratungsstelle, weil ihm die Therapiesequenzen zu wenig sind. »Der Therapeut bohrt nicht nach.«

Es lässt sich nicht sagen, dass dieser Student zu wenig »Väter« hätte. Sein leiblicher zahlt ihm regelmäßig Unterhalt, ein Therapeut ist über Jahre für ihn da, ebenso ein Psychiater und die Professoren sowieso. Es mangelt ihm nicht an Vätern, aber an Väterlichkeit. Denn alle sind mütterlich gewährend und keiner fragt, ob dieser Student überhaupt studierfähig ist. Vielleicht – und wie der Fortgang der Beratung auch wirklich zeigte – ist er es nicht. Er befand sich schlicht am falschen Platz und erlebte das als Überforderung und als unhaltbar.

Natürlich braucht ein Mensch in dieser Situation Unterstützung, bei der es jedoch nicht um Gewährung und Verständnis, sondern um Einsicht in die eigene Begrenzung geht. Da dies mit narzisstischer Kränkung einhergeht (»Ich bin nicht fähig, ein Studium zu absolvieren.«), bedarf es eindeutiger Aussagen, die diese Kränkung und die vielleicht damit verbundene Gegenreaktion des Studenten aushalten, die aber zugleich verdeutlichen, dass eine Studierunfähigkeit weder mit Schuld verbunden ist noch das Leben weniger wertvoll macht. Die Symptome jedenfalls sind eindeutig. Der Rückstand bei der Bewältigung des Studiums und nun das Verschlafen der Prüfung zeigen sehr klar, dass der Student nicht in der Lage ist, das Studium mit

Erfolg abzuschließen. Doch er braucht väterliche Hilfe, um die richtige Konsequenz daraus ziehen zu können. Doch wie vielen »Vätern« ist er begegnet, die genau das nicht leisteten? Und ich frage mich, wie vielen Menschen in unserer Gesellschaft alltäglich diese Hilfe verwehrt wird – aus Bequemlichkeit, aus Angst vor Konsequenzen, aus Ablehnung von Autoritäten und Autorität, aus Sehnsucht nach Harmonie, aus der eigenen, inneren Väterlosigkeit heraus.

Es muss nicht erst zum Mord an den eigenen Kindern kommen, die sich nicht einordnen können und Begrenzungen aus dem Weg gehen wollen. Die Folgen mangelnder Väterlichkeit sind auch so bereits heftig und gesellschaftszersetzend. So nehmen psychische Erkrankungen in den letzten Jahren dramatisch zu, insbesondere bei jungen Menschen. »Jeder Zehnte zwischen 15 und 29 Jahren hat Schmerzen oder andere körperliche Probleme ohne organische Ursache, oft begleitet von Depressionen. Knapp sechs Prozent haben Anpassungsstörungen – also Probleme, mit wichtigen Lebensveränderungen umzugehen. Rund 60 Prozent der befragten jungen Arbeitnehmer gaben an, sie könnten mehr leisten als im Job verlangt wird. ›In der Arbeitsorganisation und im betrieblichen Gesundheitsmanagement sollte der Fokus nicht nur auf Überforderung und Burn-out gerichtet sein, sondern auch darauf, wie sich Unterforderung auswirkt‹, sagte DAK-Chef Herbert Rebscher.«[42] Offensichtlich steuern wir bei dem Bemühen, eine eigenständige, fordernde wie begrenzende Väterlichkeit abzuschaffen auf eine inhumane, krank machende Gesellschaft zu, der es an Idealen und Zusammenhalt mangelt.

In den achtziger Jahren des letzten Jahrhunderts diskutierten wir in Kirchenkreisen der DDR noch über die Frage, welche der düsteren Zukunftsvisionen realistischer sei: George Orwells »1984« oder Aldous Huxleys »Schöne neue Welt«. Das Rennen hat offensichtlich Huxley gemacht.

Denn während Diktaturen, wie sie Orwell in zugespitzter Weise beschreibt, trotz aller Macht und Repression nur eine begrenzte Lebensdauer haben, ist eine Welt, die Menschen mit Lebenserleichterung und Verantwortungslosigkeit ködert, verführerischer und beständiger. Aller Hoffnung zum Trotz sind die Menschen, die in einer väterlosen Gesellschaft leben, keineswegs glücklicher als die in Diktaturen unterdrückten. Ihnen fehlt zudem der klare, eindeutige Feind. Überbordende Mütterlichkeit in der Form der Abnahme aller Anstrengungen und Unbill wird nicht als so zerstörerisch wahrgenommen wie ein gewalttätiger Vater. Aber die Folgen sind ebenso erschreckend – sowohl für die Individuen als auch für die Gesellschaft.

Bereits Anfang der sechziger Jahre beschrieb Alexander Mitscherlich die Gefahr eines zunehmenden Mangels an Väterlichkeit in seinem Buch »Auf dem Weg zur vaterlosen Gesellschaft«[43]. Auch er meinte damit nicht die Abschaffung des Vaters als Person, sondern die der Väterlichkeit als zentralem Organisationsprinzip einer Gesellschaft.

»Bei der Formulierung ›unsichtbarer Vater‹ läge es nahe, an Projektionen, etwa an einen imaginierten allmächtigen Gottvater, der unsichtbar überall zugegen ist, zu denken. Diese Assoziation sei im Augenblick ausgeklammert. Eine zweite Vorstellung wird an den verlorenen Vater, im Sinne des physischen Verlustes, denken. Aber auch diesen Vater, den der Krieg getötet hat, der in Scheidung oder Niezustandekommen der Ehe verlorengeht, meinen wir nicht, wenn wir von seiner Unsichtbarkeit sprechen. Es ist vielmehr an ein Erlöschen des Vaterbildes zu denken, das im Wesen unserer Zivilisation selbst begründet ist und das die unterweisende Funktion des Vaters betrifft: Das Ar-

beitsbild des Vaters verschwindet, wird unbekannt. Gleichzeitig mit diesem von geschichtlichen Prozessen erzwungenen Verlust der Anschauung schlägt die Wertung um. Der hymnischen Verherrlichung des Vaters – und des Vaterlandes! – folgt in der Breite ein ›sozialisierter Vaterhass‹, die ›Verwerfung des Vaters‹, die Entfremdung und deren seelische Entsprechung: ›Angst‹ und Aggressivität‹.«[44]

»… so können wir die bestehenden System-Herrschaften in aller Prägnanz als den Zustand einer vaterlosen Gesellschaft bezeichnen. Wo ›kein identifizierbarer Einzelner‹ die Macht in den Händen hält, besteht dem Prinzip nach eine Geschwistergesellschaft.«[45]

In einem späteren Interview fasst Mitscherlich noch einmal zusammen:

»Es ist nicht der Sinn dieses Buches zu propagieren, dass es eine Gesellschaft geben sollte oder geben wird, die keine Väter mehr hat … Sondern es ist die Beschreibung eines Zustandes, in dem sehr viele Funktionen der Väterlichkeit, also bisher wichtige Kulturfunktionen, verloren sind und wo man sich fragen muss, wie wird sich die Gesellschaft einrichten? Welche neuen Funktionen wird sie erfinden, um sich selbst eine innere Ordnung zu geben?«[46]

Mitscherlich orientiert sich mehr noch als an der Gesellschafts*ideologie* am Zivilisationsprozess, der durch die Industrialisierung bedingt, die Abschaffung des Vaters als sinnstiftender Institution betreibt. Mit dieser Sichtweise erkennt er in Diktaturen wie dem Nationalsozialismus auch keine Folge einer traditionellen Väterlichkeit, sondern vielmehr eine regressive Sucht nach Mütterlichkeit!

»Der versprechende und terroristisch bedrohende Massenführer ersetzt nicht eigentlich den vorhandelnden Vater; er ist viel eher – so überraschend das scheinen mag – in der Imago einer primitiven Muttergottheit unterzubringen.«[47]

Die Frage nach dem Ordnungsprinzip einer »vaterlosen Gesellschaft«, die Mitscherlich aufwirft, haben die Jahrzehnte nach dem Erscheinen seines Buches in der Weise beantwortet, dass sich diese Entwicklung zunehmend von einer allgemeinen ökonomischen Struktur der Entfremdung hin zu einer Gesellschaftsideologie gewandelt hat. Die bisher angeführten Beispiele und Analysen zeigen, dass der Mangel an Väterlichkeit das Wollen und Trachten der Mehrheit der Mitglieder wie auch der Gesellschaft als Ganzer ergriffen hat.

Nicht der Vater wurde abgeschafft, aber indem Väterlichkeit ihrer sperrigen und unangenehmen Seite beraubt wird und ihre Eigenständigkeit verliert, hat die Gesellschaft die von Mitscherlich aufgezeigte Entwicklung perfektioniert. Zunehmend sind wir es selbst geworden, die Väterlichkeit aus innerer Überzeugung ablehnen. Das Ordnungsprinzip der »vaterlosen Gesellschaft«, nach dem Mitscherlich fragt, ist das des »unväterlichen Vaters« geworden.

Und so fällt uns der Mangel an Väterlichkeit kaum noch auf, er ist zu unserem selbstverständlichen Wesen geworden. Als Beispiel hierfür lässt sich die Normalität von künstlicher Befruchtung in unserer Gesellschaft fassen. Die Natürlichkeit der Vaterschaft, die sich im vollzogenen Geschlechtsakt ausdrückt, ist längst nicht mehr selbstverständlich. Aber wer nimmt eigentlich noch Anstoß daran, dass es einer vollzogenen Zeugung gar nicht mehr bedarf? Jenseits allen medizinischen Fortschritts vermittelt sich in dieser mittlerweile selbstverständlichen »Kulturtechnik«, dass es eines Vaters nicht mehr bedarf. Während eine Mutter (noch?) unersetzbar scheint, wird der Vater und damit Väterlichkeit zweitrangig. Die Vorrangigkeit des mütterlichen Prinzips führt dazu, dass der Weg zu mehr Väterlichkeit – derzeit jedenfalls – nur schwer gangbar ist. Interessanterweise verweist Mitscherlich selbst darauf, dass er nicht zur Umkehr aufruft, sondern die Entwicklung nur beschreiben möchte. Dass er das nicht an allen Stellen seines Buches aufrechterhalten kann, ehrt ihn. So fordert er auf, die nicht entfremdeten Bedürfnisse eines Kindes wahrzunehmen und in der Erziehung auch »Führungsaufgaben«[48] zu übernehmen. Zudem sieht er die Gesellschaft in der Pflicht »alle Interessen, die mit dem Erziehungsziel konkurrieren, ihm unterzuordnen«[49].

Doch so sehr Mitscherlich Veränderungsnotwendigkeiten aufzeigt und die »Standhaftigkeit des Vaters«[50] anmahnt, so sehr bleibt er doch in der Beschreibung des Phänomens stecken, das er als »Weg zur vaterlosen Gesellschaft« bezeichnet. Dahinter verbirgt sich die Ohnmacht, dieser Entwicklung eine realistische Gegenbewegung entgegenzusetzen. Diese Ohnmacht ist Mitscherlich nicht zu verdenken. Denn wer wüsste schon, wie einer solch allgegenwärtigen Haltung, die als eines der zentralen Merkmale unserer Gesellschaft zu erkennen ist, entgegenzuwirken wäre. Und doch dürfen wir nicht in der Analyse verharren und den Verlust an eigenständiger Väterlichkeit in unserer Gesellschaft lediglich beklagen. Die Folgen des beschriebenen Ungleichgewichts zwischen Mütterlichkeit und Väterlichkeit als den beiden zentralen Prinzipien unserer Gesellschaft sind zu gravierend, als dass wir sie einfach so hinnehmen dürften: Die Prinzipien- und Wertelosigkeit der Gesellschaft, die regressiven Tendenzen in Partnerschaft und Kindererziehung, die mangelnde Bereitschaft, sich den zwangsläufigen und unausweichlichen Anstrengungen des

Lebens und intensiver Beziehungen zu stellen. All das sind alarmierende Zeichen, die wir so nicht hinnehmen dürfen.

Der Mann aus unserem Eingangsbeispiel war der Überzeugung, sich der als unangenehm empfundenen Väterlichkeit seines Vorgesetzten durch Weggang entziehen zu können. Er wechselte einfach die Arbeitsstelle. Damit ging er dem von ihm selbst inszenierten Machtkampf aus dem Weg, den er hätte verlieren müssen, um in seiner Entwicklung weiter zu kommen. Nun steht zu befürchten, dass er in der Selbstüberschätzung stecken bleibt und die Hingabe an die eigenen, begrenzten Möglichkeiten verpasst. Zudem wird er seinen Kindern keine eigenständige Vaterschaft vorleben können und so auch bei ihnen den Mangel an Väterlichkeit reproduzieren.

Die Parallelität dieses Beispiels zu unserer heutigen Gesellschaft ist offensichtlich: Der fehlenden Begrenzung und der grundsätzlichen Beratungsresistenz entspricht ein hohes Maß an Selbstüberschätzung, der Abwehr an Väterlichkeit entspricht die Sehnsucht nach unbegrenzter Mütterlichkeit. Der Unterschied zwischen diesem Mann und der Gesellschaft besteht jedoch darin, dass es für die Gesellschaft keinen anderen Platz gibt. Der Einzelne kann den Partner, die Arbeitsstelle oder sogar das Land wechseln und so die Hoffnung immer wieder neu nähren, dass nun alles besser würde. Aber die Gesellschaft als Ganze hat nur die Chance, sich von innen heraus zu verändern und sich auf den Weg zu einer väterlichen Gesellschaft zu begeben.

2 MERKMALE VON VÄTERLICHKEIT

DIE DREI EBENEN VÄTERLICHEN HANDELNS

Eine Analyse unserer Gesellschaft mit dem Blick auf Väterlichkeit muss deren deutlichen Mangel konstatieren. Seine Folgen sind sowohl Sehnsucht nach als auch Ablehnung von Väterlichkeit. Der Sehnsucht nach Entschlossenheit, Klarheit und Werten steht eine Ablehnung der damit zwangsläufig verbundenen unangenehmen Seiten gegenüber. Auf die familiäre Situation bezogen lässt sich das so formulieren: Der Vater ist gewünscht, aber er soll nicht väterlich sein. In der heutigen Zeit ist der »unväterliche Vater« zu einem zentralen Orientierungsprinzip unserer Gesellschaft geworden.

Die Folgen dieses »gesellschaftlichen Konsenses« sind verheerend. Zahlreiche Beispiele aus unterschiedlichen sozialen Bezügen wurden im ersten Teil ausgeführt. Es lässt sich schwer prognostizieren, wie lange unsere Gesellschaft die Folgen des Mangels an Väterlichkeit noch zu tragen vermag ohne zu kollabieren. Jedoch scheinen nach jetzigem Stand schwere Krisen und gesellschaftliche Verwerfungen unvermeidlich – wie es sich bereits in den Staaten zeigt, die aufgrund ihrer Schulden an den Rand des Bankrotts geraten.

Es steht also die Frage im Raum, was getan werden kann, um diese Entwicklung aufzuhalten und die beiden Prinzipien Väterlichkeit und Mütterlichkeit in ein ausgewogenes Verhältnis zu bringen. Und es sollte deutlich geworden sein, dass es bei dieser Frage nicht um ein Spiel, um eine harmlose Entscheidung geht, die lediglich kosmetische Folgen hat. Es geht um eine wesentliche Frage unseres Zusammenlebens, die unsere Zukunft bestimmt.

Um dem Mangel an Väterlichkeit in unserer Gesellschaft entgegenwirken zu können, bedarf es der Klärung, was denn eigentlich unter Väterlichkeit zu verstehen ist und welche Merkmale sie kennzeichnet. Der Mangel an Väterlichkeit ist ja deshalb so selbstverständlich geworden, weil wir kaum noch wissen, was uns da fehlt. Stattdessen pflegen wir eine Negativsicht, die wir rundweg als »traditionelle Väterlichkeit« bezeichnen und die überwunden werden soll. Als Ergebnis wird dann der »egalitäre Vater«, der »Kumpel und Spielkamerad«, die »Mutter ohne Brust« als Errungenschaft gefeiert. Das zentrale Merkmal des in unserer Gesellschaft allgemein gewünschten und propagierten Vaterbildes ist die mangelnde Eigenständigkeit und die Freude an einer Dienstbarkeit, mit der alle zufrieden sind.

Wenn wir nach Väterlichkeit und dessen Merkmalen fragen, müssen wir uns jedoch zunächst die beiden sozialen Ebenen verdeutlichen, die Väterlichkeit erfordern. Die eine Ebene ist die der Familie. Es geht um die spezifischen Aufgaben, die ein Vater in der Beziehung zu seinen Kindern erfüllen sollte. Meine Behauptung, die ich in den folgenden Kapiteln ausführen werde, ist, dass ein Vater ganz eigenständige Aufgaben hat, die nicht so ohne Weiteres von der Mutter übernommen werden können. Das liegt an den biologischen Grundlagen. Insbesondere in der ersten Lebenszeit eines Kindes sind die mütterlichen und die väterlichen Aufgaben deutlich verschieden. Im weiteren Verlauf nivellieren sich diese Unterschiede zunehmend. Mütter können und müssen oftmals auch väterlich wirken, so wie Väter mütterlich sein können. Allerdings bleibt bei all dem immer auch ein »Rest«. Vielleicht nicht in jedem Einzelfall, aber doch als gesellschaftlich wirksame Tendenz sind immer wieder Geschlechtsunterschiede im elterlichen Wirken erkennbar. Die kaum zu überschätzende unterschiedliche Ausgangssituation von Mutter und Vater zu ihrem Kind oder ihren Kindern lässt sich trotz aller sich verändernder Anforderungen im Entwicklungsprozess nie ganz leugnen. So werden die meisten Mütter ein unaufhebbares Empfinden in sich tragen, dass sie ihr Kind beziehungsweise ihre Kinder in sich getragen haben.

Und doch führt die anfänglich sehr klar nach Mutter und Vater unterschiedene familiäre Ebene zunehmend auf eine zweite, die nicht mehr unmittelbar an den Familienvater gebunden ist: die Väterlichkeit als soziales Prinzip. Darunter sind eine Wirkweise und eine Haltung zu verstehen, die von all den symbolischen Vätern in unterschiedlichen sozialen Zusammenhängen umgesetzt werden muss. Das meint eben nicht nur allein die Väter beziehungsweise die Männer. Frauen in Leitungspositionen müssen ebenso väterlich handeln, ja selbst Institutionen bis hin zum »Vater Staat« sind in ihrer Väterlichkeit gefragt.

Diese beiden Ebenen: die des Familienvaters und die des Prinzips Väterlichkeit sind miteinander verwoben. Dem väterlichen Handeln in der Familie entspricht das gesellschaftliche Bild von Väterlichkeit. So müssen wir für die Gegenwart feststellen, dass ebenso wie in den Familien zumeist der »unväterliche Vater« gewünscht ist, auch Vorgesetzte, Institutionen und selbst der Staat vor allem mütterlich wirken sollen. Die Sehnsucht nach überbordender Mütterlichkeit ist nicht nur bestimmend für viele familiäre Beziehungen, sondern auch für unsere Gesellschaft als Ganzer. Deshalb ist eben nicht nur vom »unväterlichen Vater« zu sprechen, sondern von einem »Mangel an Väterlichkeit in unserer Gesellschaft«.

Fragen wir nun, wie diese beiden Ebenen real zusammenwirken, wie sich also die familiäre Ebene aus der gesellschaftlichen entwickelt – oder auch umgekehrt: wie sich das gesellschaftliche Miteinander aus den Familienbeziehungen reproduziert, dann stoßen wir auf eine dritte Ebene: die der inneren Repräsentanz von Väterlichkeit. Das meint das Bild oder das Muster, das Menschen von Väterlichkeit in sich tragen.

Diese innerseelischen Väterlichkeitsmuster entwickeln sich zunächst aus den ganz konkreten Erfahrungen mit den primären Bezugspersonen, also der Mutter und dem Vater. Ein Kind erfährt neben Mütterlichkeit auch Väterlichkeit und es bildet sich aus diesem Erleben ein Bild und eine Wertung, die es künftig damit verbindet. Der zunächst äußere Vater wird so im Sozialisationsprozess zum Introjekt, zum inneren Muster. Dieses bestimmt nun das, was dieser konkrete Mensch unter Väterlichkeit versteht und vor allem welche eigenen väterlichen Potenzen er in sich trägt. Natürlich ist dieses Muster im Lebensverlauf auch Veränderungen unterworfen. Die innere Repräsentanz von Väterlichkeit ist kein statisches Produkt. Allerdings wissen wir aus der Tiefenpsychologie, dass die frühen Erfahrungen besonders prägend sind. Das, was der Vater und in Beziehung zu ihm auch die Mutter an Väterlichkeit vermittelt haben, bildet das Fundament der eigenen väterlichen Potenz.

Egal, ob Mann oder Frau, jeder Mensch wird seine Erfahrungen, die er in der frühen Zeit, aber auch noch später mit Väterlichkeit gemacht hat, zur Maxime seines Handelns machen. Es spielt dabei auch keine Rolle, ob er sich dessen bewusst ist oder nicht. Erwachsene Menschen werden von ihren frühen Erfahrungen und den sich darin gebildeten inneren Mustern bestimmt und sie tragen diese Erfahrungen in ihre Partnerschaften, in die von ihnen gegründeten Familien, aber auch in ihre Arbeitswelt hinein. Aus dem Zusammenspiel des Handelns der Einzelnen entsteht Gesellschaft. Aus dem Konsens einer Vielzahl innerer Muster konstruiert sich das gesellschaftliche Bild von Väterlichkeit. Das konkrete Tun vieler Menschen wird, indem es gesellschaftliche Prozesse anstößt oder behindert, zu einer gesellschaftsstrukturierenden Kraft, die ihrerseits wiederum auf das Tun zurückwirkt. Hier schließt sich der Kreis. Denn so wie die innere Repräsentanz von Väterlichkeit den Einzelnen in seinem Handeln bestimmt, ist die Gesellschaft durch ihr Bild von Väterlichkeit geprägt. Und dieses Bild wirkt sich unmittelbar auf andere Menschen aus, in der Kindererziehung ebenso wie in der Art und Weise, wie die Gesellschaft ihre Mitglieder beeinflusst und »auf Linie bringt«. Es ist also gar nicht die Frage, ob der Einzelne die Gesellschaft oder die Gesellschaft den Einzelnen prägt. Wir können von einem Wechselspiel ausgehen, bei dem konkretes Handeln zu inneren – innergesellschaftlichen wie innerseelischen – Strukturen gerinnt und diese inneren Strukturen das Handeln beeinflussen.

Wenn also im Folgenden die Merkmale von Väterlichkeit entwickelt und dargestellt werden, dann nehmen die Betrachtungen ihren Ausgangspunkt in den frühen Beziehungen eines Menschen, also an den *konkreten* Aufgaben und dem *konkreten* Handeln des Vaters. Väterlichkeit muss an den primären Aufgaben des Vaters gegenüber seinem

Kind oder seinen Kindern entwickelt werden. Daraus gewinnen wir ein Bild positiver Väterlichkeit, das dann jedoch Orientierung auch für außerfamiliäre und gesellschaftliche Handlungen und Haltungen gibt. Somit werden im Folgenden auch immer wieder die drei beschriebenen Ebenen von Väterlichkeit angesprochen: die familiäre Rolle des Vaters, die inneren Muster von Väterlichkeit, die Mensch in sich tragen und die ihr Handeln wesentlich beeinflussen sowie das gesellschaftlich vorherrschende und das notwendige Bild von Väterlichkeit. Sicher lassen sich die Ausführungen immer wieder als eine Anregung zur Selbstreflexion eines Familienvaters lesen. Aber sie sind darüber hinaus eben auch ein gesellschaftspolitisches Statement, das dazu auffordert, dass wir in allen sozialen Bezügen stärker als gegenwärtig vorherrschend Väterlichkeit entwickeln. Daher werde ich immer wieder auch die familiäre Ebene, die mir als Ausgangspunkt dient, verlassen und so die Bezüge der drei dargestellten Ebenen aufzeigen.

VATERSCHAFT UND BEZIEHUNGSDYNAMIK

Das erste Feld, auf dem sich Vaterschaft bewähren muss, ist das des familiären Beziehungsgefüges. Dieses gestaltet sich von Beginn an in einem dynamischen Wechselspiel, indem Frau und Mann zusammenfinden und ein Kind zeugen, das dann in der Frau heranwächst, bis es geboren wird. Am Anfang steht demzufolge eine Paarbeziehung, die sich auf vielfältige Weise gestalten kann. Vom One-Night-Stand bis zu einem viele Jahre währenden Zusammensein, von Vergewaltigung und Hass bis zu innigster Liebe, von orgiastischem Erleben bis zur künstlichen Befruchtung. In jedem Fall handelt es sich um ein Beziehungsgeschehen, das die Elternschaft begründet und das die Entwicklung des Kindes entscheidend prägt: Ist das Kind ein Wunschkind? Ist es willkommen? Oder ist es ein »Unfall«? Aber mehr noch: Werden diese Fragen von Frau und Mann unterschiedlich beantwortet? Hat die Frau vielleicht gelogen, als sie sagte, dass sie die Pille nimmt? Suchte sie nur »einen Erzeuger«, aber keinen Vater? Soll das Kind die Partnerschaft zusammenhalten, die sonst keine Zukunft hätte? Fühlt sich die Frau mit dem Kind allein gelassen? Empfindet sie vielleicht, dass ihr das Kind »aufgedrängt« wurde?

Solcherlei Fragen lassen sich beliebig fortsetzen. Sie machen dabei zwei Punkte deutlich: Erstens zeigen sie die Vielfalt der Empfindungen, Haltungen und Entscheidungen, die am Anfang eines werdenden Lebens stehen können. Die Startphase kann für Kinder sehr unterschiedlich verlaufen und das hängt in erster Linie von dem Beziehungsgeschehen der Eltern ab. Zum Zweiten aber machen die Fragen bei genauer Betrachtung auch einen biologisch entscheidenden Unterschied zwischen Frau und Mann deutlich. Das Kind wird in der Frau gezeugt und wächst in ihr über Monate heran. Daraus lässt sich der Schluss ziehen, dass die Mutter existenziell notwendiger ist als der Vater. Zumindest für die Zeit zwischen Zeugung und Geburt ist das Entscheidende die Mutter-Kind-Beziehung. Jedoch gibt das nur eine vordergründige Sicht wieder. Denn bei genauerer Betrachtung gibt es kein vaterloses Kind.

Der Kinder- und Jugendpsychotherapeut Frank Dammasch stellt in einem Fallbeispiel eine alleinerziehende Mutter vor, die ihren Sohn vaterlos aufwachsen lassen wollte[51]:

Der Sohn war in einer Beziehung mit einem schwedischen Mann entstanden, die sich als sehr problema-

tisch herausstellte. Als die Frau, noch nicht schwanger, gegen den Rat von Eltern und Freunden mit dem Mann nach Schweden geht, entpuppte er sich als besitzergreifend und gewalttätig. Als sie durch eine Vergewaltigung durch ihren Partner schwanger wird, verheimlicht sie ihm dies und ihr gelingt die heimliche Rückkehr nach Deutschland. Entgegen ersten Abtreibungsabsichten entscheidet sie sich doch für das Kind, teilt aber dem Vater nie seine Vaterschaft mit. Dem Kind verschweigt sie den Vater ebenfalls. Sie versucht nun in besonderer Weise, den nicht vorhandenen Vater zu ersetzen und eine »perfekte Mutter« zu geben. Das gelingt ihr jedoch notgedrungen nur bedingt. Der Junge ist vor allem in der Schule verhaltensauffällig und kann sich schwer in die Klasse integrieren. Zugleich erkennt die Mutter im Sohn zunehmend Verhaltensweisen ihres Ex-Partners wieder. Sie schiebt dies auf die Gene. Im therapeutischen Prozess aber wird zunehmend deutlich, dass sich diese Verhaltensweisen zwangsläufig aus der sozialen Interaktion der Mutter mit dem Kind ergeben. »Das Vaterbild der Mutter, das sie abspaltet und geheim hält, wirkt unbewusst auf die Interaktionen mit ihrem Sohn ein und formt ihn möglicherweise genauso, wie sie es bewusst nicht möchte.«[52]

Dammasch resümiert: »Für unseren Zusammenhang können wir aus diesem Beispiel entnehmen, dass auch die Beziehung zwischen Georg und seiner Mutter nur äußerlich eine Dyade darstellt.«[53] Durch das Vaterbild der Mutter ist der Vater präsent und wirkt umso mächtiger, je mehr er verschwiegen wird.

Bei aller individuellen Spezifik solcher Beispiele lässt sich daraus zwingend und verallgemeinernd schließen, dass trotz der Vorrangstellung, die die Mutter biologisch zu haben scheint, der Vater selbstverständlicher Bestandteil der familiären Beziehung ist – und zwar sowohl biologisch durch die Zeugung als auch sozial durch das Beziehungsgeschehen, das eine Zeugung zwangsläufig mit sich bringt. Eine Untersuchung Kai von Klitzings zeigte gar, dass der Grad des Miteinanders der Eltern noch vor der Geburt des Kindes entscheidend für die soziale Entwicklung eines Kindes in den späteren Jahren ist – und zwar unabhängig vom konkreten Geschehen der ersten Lebensjahre[54]. Die Mutter-Kind-Beziehung, die zweifelsohne durch eine für einen Mann nicht erlebbare Innigkeit charakterisiert ist, erfährt ihre Ergänzung durch den Vater. Eine Frau kann nicht allein Mutter werden, so wie umgekehrt ein Mann nicht ohne eine Frau zum Vater wird. Ist uns aber die Bedeutung der Mutter selbstverständlich, gibt es gegenüber dem Vater Tendenzen, dessen Notwendigkeit auszublenden. Doch ein Vater ist nicht nur sozial präsent, sondern ebenso durch den Zeugungsakt und dem daraus resultierenden Beziehungsgeschehen. Eine Frau, die nur einen »Samenspender« sucht, wird darüber dem Kind bereits ein Vaterbild vermitteln.

Doch natürlich lässt sich die selbstverständliche Präsenz des Vaters – selbst bei dessen Abwesenheit – nicht allein auf den Zeugungsakt reduzieren. Eine der zentralen Erkenntnisse der Säuglings-, Bindungs- und Sozialisationsforschung ist, dass der Vater auch als reale Person von entscheidender Wichtigkeit für das Kind ist. Der Fachbegriff für die Aufgabe des »frühen Vaters«, also in den etwa ersten drei Jahren, lautet »Triangulierung«. Damit ist gemeint, dass die enge Mutter-Kind-Beziehung aufbrechen muss, dass diese Zweierbeziehung der Öffnung und damit weiterer Personen bedarf. Und hier ist – zumindest in unserer Kultur – als erste und wichtigste Beziehungsperson der Vater zu nennen. Indem er zur Mutter-Kind-Beziehung hinzukommt, gewinnt die eher statische Zweierbeziehung eine Dynamik, die für die Entwicklung des Kindes entscheidend ist. Nur durch eine weitere Person, die eine ebenso große Wichtigkeit wie die Mutter erlangt, wird die zwangsläufige Begrenztheit der Mutter gemildert und das familiäre Leben entwickelt sich.

Das Kind erlebt in der Beziehung zum Vater etwas anderes, als es durch die Mutter kennt. »Die affektregulierende, homöostatische Funktion bleibt auch in dieser Sicht (der frühen Triade – M. St.) zweifellos eine Hauptaufgabe der Mutter: Sie hilft dem Säugling und Kleinkind, regelmäßig wiederkehrende, beruhigende Interaktionen zu erfahren und zu internalisieren. Demgegenüber scheint der frühe Vater eher zuständig zu sein für die Abwechslung und das Durchbrechen von Regelmäßigkeit.«[55] Als erstes Merkmal von Väterlichkeit gegenüber Mütterlichkeit lässt sich demzufolge »das Anderssein« fassen. Väter sind – beziehungsweise sollten es sein – weniger die kontinuierlich Halt und Sicherheit Gebenden als vielmehr die Hinzukommenden, die erst einmal fremd Seienden, die Nicht-Selbstverständlichen.

Damit aber kann das Kind im Miteinander des Vaters lernen, dass es Bereiche des Lebens gibt, die anders sind als es das Kind aus der mütterlichen Welt kennt. Durch sein Hinzukommen löst der Vater die Mutter-Kind-Einheit auf und eröffnet neue Horizonte. Zugleich aber – und das ist der dritte Schenkel des Beziehungsdreiecks – lernt das Kind, sich als ein eigenständiges, von allen anderen getrenntes Wesen wahrzunehmen, wenn es eine Vater-Mutter-Aktion erlebt, in die es selbst nicht einbezogen ist. Es ist mittlerweile unstritten, dass sich in dieser Konstellation ein stabiles, seiner selbst bewusstes Ich herausbildet und das Kind wichtige Schritte hin zu einem kompetenten Umgang mit unterschiedlichen Beziehungen erlernt. Die Voraussetzung ist jedoch, dass der Vater die Exklusivität der Mutter-Kind-Beziehung aufbricht und somit Beziehungsvielfalt herstellt. Gelingt ihm das nicht, bleibt das Kind an der Mutter »kleben«. Die zentrale Tatsache, die uns das Triangulierungsprinzip vermittelt, ist die Notwendigkeit des Vaters als des gleichberechtigten Dritten im familiären Beziehungsgefüge.

Diese Stelle kann – zumindest in unserer Kultur – niemand anders als der biologische Vater einnehmen. Denn dessen Bedeutung resultiert nicht aus einem Einverständnis der Mutter mit seiner Rolle, sondern aus dem Fakt der Zeugung. Ersatzväter sind hier nur bedingt tauglich, wie es die Ausführungen zu den Patchworkfamilien zeigten. Ihnen fehlt die grundsätzliche Gleichberechtigung. Ihre Rolle wird ihnen von der Mutter zugewiesen und kann demnach auch wieder entzogen werden. Damit ist die triangulierende Funktion des Vaters von vornherein geschwächt. Von Klitzing macht deutlich, dass der Trilog, der eine Erweiterung des Dialogs zwischen Mutter und Kind darstellt, das Familiensystem offen und lebendig hält. Allerdings setzt das voraus, dass alle drei Interaktionspartner dynamisch und kommunikativ aufeinander bezogen sind, ohne einen Beteiligten auszuschließen oder auch nur herabzusetzen[56]. Und genau das wird schwierig, wenn notwendige Auseinandersetzungen nicht auf einer gleichberechtigten Ebene ablaufen. Väterlichkeit trifft dann schnell an die Grenze des Erwünschten und wird abgelehnt.

Ich weiß, dass es unpopulär oder zumindest unrealistisch klingt, wenn eine funktionierende Partnerschaft zwischen den *biologischen* Eltern als Voraussetzung einer optimalen Kinderentwicklung gesehen wird. Zu viele Kinder wachsen ohne ihren Vater auf, zu viele Kinder erleben das Getrenntsein der Eltern, auch wenn sie selbst zu beiden weiterhin Kontakt haben. Es kann nach meiner Auffassung auch nicht darum gehen, dass Partnerschaften zusammenbleiben, obwohl die gemeinsame Basis längst zerbrochen ist. Jedoch muss es zugleich möglich sein, die beste der Möglichkeiten zu beschreiben. Denn zu sehr ist unsere Gesellschaft davon geprägt, dass Schwierigkeiten negiert und als unproblematisch erklärt werden.

Selbstverständlich ist es gut, wenn Männer die soziale Vaterschaft übernehmen und so den Stiefkindern eine Entwicklung ermöglichen, die sie ohne sie nicht gehabt hätten. Und doch müssen wir in solchen Konstellationen, selbst dort, wo die Frau die Hinzugekommene ist, ein Ungleichgewicht in den Beziehungen erkennen, das Konsequenzen für das Beziehungslernen von Kindern hat. Da die mütterliche Sorge, das alltägliche Kümmern um das Kind, dessen Ernährung und Versorgung – von Mutter oder Vater – zwangsläufig Vorrang hat, kommt in Stieffamilien notgedrungen die Väterlichkeit zu kurz. Der Ausgleich, den eine eigenständige Väterlichkeit bietet – schon indem die Fixierung auf das Kind abgemildert wird – lässt sich in einer Stieffamilie nur bedingt herstellen. »Ich trage doch die Verantwortung«, hat die Frau aus dem Beispiel der Patchworkfamilie gesagt, die zugleich mit der Kindererziehung überfordert war. Und damit machte sie deutlich, dass sie sich nur bis zu einer bestimmten Grenze in die Erziehung ihrer Kinder hineinreden lässt. Aber die gleichberechtigte Teilhabe an der Erziehungsverantwortung wäre notwendig, um die Triangulierung des Kindes gelingen zu lassen. Nicht weil die Mutter grundsätzlich schlecht und der Vater besser ist, sondern weil es eines Aufbrechens der mütterlichen Verantwortung – auch der letzten Verantwortung! – bedarf, damit das Kind eigenständig und seiner selbst bewusst aufwächst. Ein Kind braucht Mutter und Vater als gleichberechtigte Beziehungspersonen.

Wir haben damit die beiden ersten Merkmale von Väterlichkeit erkannt, die sich aus dem Prozess ergeben, der in der tiefenpsychologischen Sprache als Triangulierung bezeichnet wird und die Erweiterung der Mutter-Kind-Beziehung in eine familiäre Beziehungsdynamik meint. Das erste ist das Gleichberechtigtsein des Vaters gegenüber der Mutter. Das zweite Merkmal ist seine Andersartigkeit, ist sein Hinzukommen, ist seine Nicht-Selbstverständlichkeit. Nur in der Kombination dieser beiden Merkmale kann sich die soziale Kompetenz des Kindes auf eine gute Weise ausbilden. Denn die Anwesenheit des Vaters allein reicht nicht. Längst wissen wir: Wenn das Anderssein des Vaters in der Beziehung zum Kind nicht ausreichend zum Tragen kommt, erstarrt das familiäre Beziehungsgefüge. »Die konkrete Präsenz eines Dritten reicht dazu nicht aus, ein anwesender Vater ist kein Garant, der es dem zukünftigen Subjekt ermöglicht, zum Subjekt zu werden. Der anwesende Vater kann eine Verdopplung der Mutter sein (und umgekehrt), sodass die Kategorie anwesend/abwesend nicht aussagekräftig ist.«[57] Ein gutes Gelingen der Beziehungsdynamik setzt die Eigenständigkeit auch des Vaters und deren Anerkennung durch die Mutter voraus. Das dritte Merkmal von Väterlichkeit, das sich zwangsläufig aus den ersten beiden ergibt, ist die Eigenständigkeit.

Diese Erkenntnis ist schon deswegen wichtig, weil die derzeit stattfindenden gesellschaftlichen Diskurse zu Väterlichkeit genau diesen Aspekt ausblenden. Väter soll es geben, Männer sollen sich um ihre Kinder kümmern. Aber sie sollen es so machen, wie es gewünscht wird. Bei aller notwendigen kritischen Diskussion um das Verhalten von Vätern müssen wir im gegenwärtigen gesellschaftlichen Diskurs die Tendenz erkennen, dass Vätern vorgeschrieben wird, wie sie sein sollen.

So wird, um ein Beispiel zu nennen, von einer Traditionalisierung der Rollen in der Partnerschaft nach Geburt des ersten Kindes gesprochen. Demnach ziehen sich Väter in ihre Arbeit zurück und überlassen die Hauptarbeit in der Familie der Frau – und das selbst in Partnerschaften, die vor der Geburt des Kindes die Hausarbeit gleichberechtigt verteilt hatten. Diese Beobachtung der Traditionalisierung der Rollenverhältnisse wird dann als Schwäche der Väter gedeutet: Sie zögen sich zurück und wollen der Frau die gesamte Hausarbeit überlassen. Es wird jedoch kaum darüber diskutiert, dass die Frauen häufig die Kindessorge des Mannes reglementieren. Er soll es so tun, wie sie es für richtig halten. Denn sie wüssten ja, wie es richtig gemacht wird. Von Gleichberechtigung kann da keinesfalls die Rede sein. Und auch wenn sich Väter selbstverständlich prüfen müssen, wie sehr sie sich auf ihre Kinder einlassen, sind die Mütter ebenso zu befragen, wie sehr sie eine eigenständige Väterlichkeit überhaupt akzeptieren[58]. Zudem geht es bei der Diskussion um Kindessorge fast ausschließlich um mütterliche Aufgaben der behütenden Versorgung (hier meine ich vor allem wieder Mütterlichkeit als Prinzip). Die väterlichen Notwendigkeiten, die in der Folge noch dargestellt werden, werden bei der Frage, wer sich wie und wie lange um die Kinder kümmert, fast vollständig ausgeklammert. Ich sehe es als eines der dramatischsten Befunde an, die unserer Gesellschaft ausgestellt werden müssen, dass die Diskussion, welche Aufgaben eine eigenständige Väterlichkeit hat, gar nicht stattfindet.

Wird denn wirklich geglaubt, dass allein eine bessere Frauenpolitik dem Land mehr Kinder beschert? So lange die Männerpolitik darin besteht, Frauen das Leben zu erleichtern, aber nicht die Eigenständigkeit von Vätern zu fördern, kann das nicht gut gehen. Meine These ist, dass es genau einer solchen eigenständigen Väterlichkeit bedarf, um auch bei Männern die Bereitschaft zu mehr Kindern zu fördern. So lange es nur darum geht, Väter wie Kinder dahin zu bringen, »das Leben von Mama zu erleichtern«, damit sie wieder zufriedener wird, läuft etwas Grundsätzliches in unserer Familienpolitik schief. Väter müssen den Gewinn erkennen, den Elternschaft für sie bedeutet. Das aber ist nicht über Appelle erreichbar, sich doch mehr mütterlich um die Kinder kümmern. Es braucht eine ebenso positive wie eigenständige Identität. Und natürlich darf – um auch die Kinderseite in den Blick zu nehmen – bei all den Programmen nicht vergessen werden, dass Kinder ein Maß an sicherer Zuwendung brauchen, die über die allzu frühe Abgabe in Kindereinrichtungen nicht gegeben ist. Dies in aller Deutlichkeit zu sagen, ist auch eine väterliche Aufgabe.

Aus dem triangulierenden Prinzip ergeben sich drei erste Merkmale von Väterlichkeit: Anderssein, Gleichberechtigung und Eigenständigkeit. Wenn wir diese Merkmale aber genau betrachten, dann stellen sie keine Merkmale im eigentlichen Sinn dar. Mit ihnen ist eher die *Grundlage* für die Entwicklung »handfester« Charakteristika gelegt. Sie bilden die Voraussetzung dafür, dass die väterlichen Haltungen und Handlungen Raum bekommen und in die Familie wirken können.

Nichtsdestotrotz ist Triangulierung ein zentraler Bestandteil von Väterlichkeit. Denn erst mit ihr kann sich Beziehungsdynamik entwickeln, erlebt sich das Kind als eigenständig und lernt es, diese Herausforderung anzunehmen. Die überbordende Sehnsucht nach Mütterlichkeit, die wir in unserer Gesellschaft feststellen müssen, hat ihren Ursprung in einer nicht gelungenen Ich-Ausbildung des kleinen Kindes. Es bleibt immer noch zu sehr der Mutter verhaftet und scheut sich vor der Selbstständigkeit. Die gleichberechtigte Andersartigkeit des Vaters ist Voraussetzung für die Eigenständigkeit des Kindes.

DER VATER ALS UNTERSTÜTZER DER KINDER

Margaret Mahler, die sich in ihrer Forschung mit der Entwicklung von Kindern in den ersten drei Lebensjahren befasste, gab als ein zentrales Ergebnis ihrer Forschungsarbeiten an: »Der Vater ist eine mächtige und notwendige Unterstützung gegen die Bedrohung der Wiederverschlingung des Ichs durch den Strudel des primären undifferenzierten Zustands.«[59] Sie beschrieb damit die Gefahr des bereits angesprochenen Verhaftetbleibens des Kindes an der Mutter, das die Ausbildung eines sich seines selbst bewussten Ichs behindert. Doch es geht nicht nur um die Entwicklung eines eigenständigen Ichs. Die Mutter-Kind-Dyade muss auch aufgebrochen werden, um die zwangsläufigen Probleme, die sich aus einer – zumal hierarchischen – Zweierbeziehung ergeben, abzumildern. Das Kind ist in existenzieller Weise auf die Mutter angewiesen. Mindestens in der Schwangerschaft kann es ohne sie nicht leben und auch in den ersten Monaten nach der Geburt ist eine Trennung nur mit dem Preis tief greifender Traumatisierungen möglich. Das bedeutet aber auch, dass das Kind all die Emotionalität, die Liebe und den Hass, die Lebensbejahung und die Lebensverneinung, die Möglichkeiten und die Grenzen des Gebens, sowie der eigenen Bedürftigkeit der Mutter erlebt und in sich aufnimmt. Vor allem in der Schwangerschaft und sicher auch danach noch überströmt die Emotionalität der Mutter das Kind »eins zu eins«.

Hans-Joachim Maaz beschreibt in seinem Buch »Der Lilithkomplex«[60], dass jede Mutter ihrem Kind sowohl zugewandt ist, als es auch ablehnt. Keine Mutter kann nur gut sein. Menschliches Leben ist begrenzt und somit auch Mütterlichkeit. Daher erleben Kinder immer wieder Bedrohungsgefühle, die sich aus unbewussten mütterlichen Ablehnungen des Kindes ergeben, sie müssen einen Mangel an Mütterlichkeit aushalten, da jede Mutter an Grenzen des Gebenkönnens gelangt, und sie müssen den zumeist emotionalen Missbrauch der Kinder für die Bedürfnisse ihrer Mütter erdulden. Diese »Mütterlichkeitsstörungen«[61] sind unvermeidlich. Zentrale Bedeutung für ein Kind erlangen sie jedoch auch deshalb, weil es existenziell auf die Mutter angewiesen ist. Deshalb bedarf es der besonderen Aufmerksamkeit auf »Die dunklen Seiten der Mütterlichkeit« (so der Untertitel des Buches). Doch genau diese werden individuell wie kulturell eher verleugnet oder zumindest bagatellisiert.

Zwei Aspekte sind daher wichtig, um die Mütterlichkeitsstörungen in ihren Folgen abzumildern: Erstens braucht die Mutter Unterstützung in der Anerkenntnis ihrer Begrenzungen und zweitens brauchen die Kinder Unterstützung in ihrer eigenen Wahrnehmung, dass ihnen von der Mutter her auch Problematisches widerfährt. Für beide Punkte ist die triangulierende Funktion des Vaters unerlässlich.

Indem der Vater als Dritter hinzutritt, öffnet er den Raum und eröffnet damit neue Perspektiven. Er ermöglicht es dem Kind, sich getrennt von der Mutter zu erleben und sich so ihren Empfindungen, ihrem Wollen, ihrer Liebe und ihrer Bedürftigkeit ein wenig zu entfernen. So lange sich das Kind in den Augen der Mutter zu erkennen sucht, wie es in der ersten Lebenszeit normal ist, wird es auch deren negative Empfindungen auf sich beziehen. Wenn beispielsweise eine Mutter leidet, wird das Baby unter dieser Situation ebenso leiden. Es hat aus sich heraus erst einmal nicht die Möglichkeit der Distanzierung. Indem das Kind im triangulierenden Prozess jedoch allmählich Distanz gewinnt und sich als eigenständiges Wesen erkennt, wird es lernen, immer stärker den eigenen Empfindungen zu trauen. Insbesondere der dritte Punkt der Mütterlichkeitsstörungen, der Muttermissbrauch wird damit gemildert. Zugleich erfährt die Mutter selbst im Spiegel ihres Partners und Vaters des Kindes, dass sie nicht perfekt ist, nicht sein kann und es auch nicht sein muss. Indem der Vater dem Kind zu mehr Eigenständigkeit in der Beziehung zur Mutter verhilft, entlastet er auch sie. Und eine solche Entlastung kommt selbstverständlich dem Kind zugute. Denn es gibt kaum etwas Belastenderes für ein Kind, als wenn die Mutter Perfektion anstrebt und keinen Kontakt zu ihren Begrenzungen hat.

Als viertes Merkmal, das sich aus der Triangulierungsfunktion des Vaters ergibt, lässt sich daher die Milderung der Mütterlichkeitsstörungen konstatieren. Auch dieses ist eng mit den vorangegangenen verwoben. Denn nur ein Vater, der eigenständig und gleichberechtigt ist und dabei doch auch in seiner Andersartigkeit die familiären Beziehungen mitgestaltet, kann die zwangsläufigen Mütterlichkeitsstörungen zwar nicht verhindern, aber doch für das Kind mildern. Er kann ihm vor allem Halt in der Ausbildung eines eigenständigen, stabilen Ichs geben.

Als letzte der zentralen Funktionen der Triangulierung des Kindes durch den Vater muss die Unterstützung der geschlechtsspezifischen Entwicklung genannt werden. Wie Nancy Chodorov in ihrem Buch »Das Erbe der Mütter«[62] dargelegt hat, ist dies nicht nur ein Thema der sogenannten »ödipalen Phase«, also zwischen dem dritten und dem fünften Lebensjahr eines Kindes. Die Entwicklung einer eigenen Geschlechtsidentität beginnt bereits mit der Geburt und ist zunächst eng mit der Beziehung der Mutter zu ihren Kindern verknüpft. Da die Mutter ihre Töchter und Söhne aufgrund der eigenen Geschlechtlichkeit zumindest unbewusst und wenigstens in Nuancen unterschiedlich behandelt, wird von Beginn an neben biologischen Prägungen (zum Beispiel unterschiedlicher Testosteronspiegel) auch ein soziales Geschlecht vermittelt. Das kann auch nicht anders sein, da die Mutter eine eigene Geschlechtlichkeit mitbringt. So wird ihr – auf dieser Ebene – eine Tochter immer vertrauter, ein Sohn immer etwas fremder sein. Zugleich vermitteln sich über ihr Verhalten zwangsläufig kulturelle Muster.

Der vor allem in der gegenwärtigen Geschlechterdebatte häufig anzutreffenden Meinung, solche »Ungleichbehandlung« ließe sich verhindern, ist zu widersprechen. Denn erstens lässt sich das durchaus vorhandene biologische Fundament nicht abschaffen. Und zweitens brauchen Kinder gerade auch in ihrer Entwicklung geschlechtlicher Identität Orientierung und Halt. Trotz aller Zwischen- und Mischformen sind die männliche und die weibliche Identität so fundamental, dass sie nicht negiert oder gar abgeschafft werden können.

Die zentrale Aufgabe, die dem Vater in dieser Frage zukommt, besteht darin, die zur Mutter komplementäre Seite zu leben. Denn ihm ist der Sohn – in dieser Frage – vertrauter, die Tochter fremder. Gerade bei der Entwicklung der Geschlechtsidentität ist somit das Beziehungsgefüge aus Vertrautsein und Fremdsein, Identifikation und Andersartigkeit von wesentlicher Bedeutung. Auch hier kann der Vater den Kindern Halt geben, indem er die ursprüngliche Mutter-Kind-Beziehung auflockert und damit einer sonst unvermeidbaren Einseitigkeit entgegenwirkt. Der Sohn wird sich nicht nur als anders erleben müssen, was ihm das Gefühl des Alleinseins gäbe, die Tochter nicht allein identifiziert, was ihre Entwicklung zur Selbstständigkeit bremst. Nicht ohne Grund erkennen wir in diesen Eigenschaften: zu großes Alleinsein (Pseudoselbstständigkeit) bei den Jungen, zu geringe Selbstständigkeit bei den Mädchen, Grundprobleme von Geschlechterstereotypen. Sie haben ihren Ausgangspunkt fast zwangsläufig dort, wo die triangulierende Kraft des Vaters fehlt oder zu schwach ist.

Doch es gibt noch einen zweiten Aspekt, warum der Vater bei der Ausbildung der Geschlechtsidentität von zentraler Bedeutung ist. Es sind die möglichen und auch immer wieder realen Abwertungen des eigenen wie des anderen Geschlechts, die sich in einer alleinigen Bezogenheit auf die Mutter unkorrigiert auf die Kinder und deren Liebesfähigkeit übertragen.

Jede Mutter trägt Grenzen in sich und kann gar nicht perfekt sein. Daher kommt es für die Entwicklung einer positiven Geschlechtsidentität für Mädchen und Jungen auch darauf an, dass der Vater seine triadifizierende Aufgabe erfüllt und Kind und Mutter bei der Lockerung ihrer dyadischen Beziehung hilft. Lässt er seine Kinder den Begrenzungen, Abwertungen und geschlechtsspezifischen Aufträgen der Mutter ausgeliefert bleiben oder vermag er es, korrigierend einzugreifen. Wenn die Eltern im partnerschaftlichen Miteinander sind, werden sie zwar auch ihre jeweiligen Grenzen haben und ihren Kindern nicht nur positives Frau- und Mannsein vorleben. Aber sie werden ihnen deutlich machen können, dass Frauen und Männer in all ihrer Unterschiedlichkeit keine Gegner sind. Zudem werden sie sich in ihren Begrenzungen auch beim geschlechtsspezifischen Umgang mit ihren Kindern helfen, sich gegenseitig ergänzen und korrigieren. Es handelt sich dabei keinesfalls um bewusste Erziehungsvorhaben. Den zentralen Einfluss haben die Eltern auf die Entwicklung ihrer Kinder durch ihr Vorleben, durch ihre Beziehungsgestaltung mit sich und ihren Kindern.

Dieses Thema ist noch weiter – dem Thema dieses Buches gemäß –, gesellschaftspolitischer zu fassen. Denn wenn die Ablehnung von Väterlichkeit ein gesellschaftlicher Normalzustand ist, wie es im ersten Teil dargelegt wurde, dann muss sich dies bereits in den ersten Lebensmonaten manifestieren. Der Zunahme der alleinerziehenden Mütter sowie dem »Idealbild« des unväterlichen Vaters entspricht die Ablehnung erwachsener Männlichkeit bei Frauen wie – versteckter auch – bei Männern selbst. Das muss Konsequenzen für die heranwachsenden Jungen – und sicher auch der Mädchen – haben. »Jungen machen vor allem bei der zunehmenden Zahl von Müttern ohne libidinöse Besetzung erwachsener Männlichkeit häufig schon früh versteckte Fremdheitserfahrungen«[63], stellt der Kinder- und Jugendpsychotherapeut Frank Dammasch fest. Und so wird auch bei der geschlechtsspezifischen Entwicklung der Kinder deutlich, dass sie ebenso wie die Mutter des Vaters bedürfen. Seine Eigenständigkeit, Andersartigkeit und Gleichberechtigung haben eine wichtige Funktion für die Entwicklung der Kinder. Es sollte kein Kind mit dem Gefühl der Fremdheit in seiner Geschlechtsidentität aufwachsen. Doch vermutlich erleben genau das zu viele Jungen in unserer Gesellschaft, was notwendig auch Auswirkungen auf ihre spätere Vaterschaft haben muss.

Die Triangulierungsfunktion des Vaters vermittelt eine Vision, die unserer Gesellschaft in ihrer derzeitigen Verfasstheit abhandengekommen ist: das gleichberechtigte Miteinander von Frauen und Männern in ihrer Beziehung zueinander. Zu sehr geht es bei der Geschlechterdiskussion der Gegenwart um das Gefühl der Benachteiligung, um die Sorge, man selbst könne zu kurz kommen.
  Nun sind soziale Ungleichheiten nicht abzustreiten. Deshalb bedarf es selbstverständlich der fortwährenden Prüfung von Ungleichheiten und ebensolcher Anstrengungen, diese abzubauen. Es fällt jedoch auf, dass der »Geist«, mit

dem dies derzeit geschieht, eher einer des Gegeneinanders als des Miteinanders ist. Es scheint oftmals wichtiger zu sein, das Entzweiende zu finden als das Gemeinsame. Und mit dieser Haltung wird die Gleichstellungsdebatte visionslos und reproduziert einen fortwährenden Kampf, bei dem die Grundhaltung, selbst ungerecht behandelt zu werden, zur entscheidenden Lebenseinstellung wird. Teile der Frauenbewegung lassen sich so verstehen, ebenso wie die neuerdings entstandene »Männerrechtebewegung«.

Was also nottut, ist eine Vision des Miteinanders. Und wenn wir das Triangulierungsthema anschauen, dann können wir daraus eine solche Vision ableiten. Denn es bewahrt uns vor Fehlern in zwei Richtungen. Der eine könnte darin bestehen zu glauben, man brauche den Partner in der Beziehung zum Kind nicht. Doch so sehr gerade der Vater verleugnet werden kann (bei der Mutter geht das kaum), so wenig ist er wirklich abwesend. Die beidseitige Verantwortung in der Kindererziehung sollte zum Umdenken führen und Partnerschaft, vor allem Partnerschaftlichkeit zu einem lohnenswerten Ziel erklären – um der Kinder, aber auch um ihrer selbst willen.

Der zweite Fehler könnte in Richtung Gleichmacherei gehen. Dort, wo die jeweils spezifischen Aufgaben von Mutter und Vater negiert werden, wo die Andersartigkeit beider Rollen nicht begriffen wird, erhält die familiäre Beziehungsdynamik nicht die notwendige Energie, wird die eigenständige und selbstbewusste Entwicklung der Kinder behindert. Und Frauen und Männer können sich nicht in gleichberechtigter Partnerschaft begegnen.

VATERKRAFT

Bildet das Triangulierungsthema die Grundlage von Väterlichkeit und eröffnet damit die Vision des gleichberechtigten Miteinanders von Mütterlichkeit und Väterlichkeit, ist nun nach den spezifischen Merkmalen von Väterlichkeit zu fragen. Was macht Väterlichkeit in ihrem Wesen aus?

Die erste Antwort darauf ist, dass Väterlichkeit Kraft zur Verfügung stellen muss: Vaterkraft.

Dieses Thema schließt unmittelbar an die Triangulierungsfunktion an. Es nimmt seinen Ausgang in der notwendigen Entwicklung eines Kindes. So ist Geburt als ein Lösungsprozess zu verstehen: Ein Kind kämpft sich mithilfe der Mutter aus deren Körper hinaus. Und indem die Nabelschnur durchtrennt wird, eröffnet sich zugleich ein neuer seelischer Raum für das kleine Kind. Es ist nach wie vor in völliger Abhängigkeit, aber es ist nicht mehr körperlicher Teil der Mutter. Der Raum, der das Kind umgibt, hat sich entscheidend verändert. Schutz und Geborgenheit sind anders geworden. Der Lebensraum wird weiter, Freiheit und Selbstständigkeit nehmen zu.

Dieses Ereignis lässt sich als Lösung aus der bis zu diesem Zeitpunkt vorherrschenden Mutterstruktur verstehen. Ich verwende dabei bewusst den etwas sperrigen Begriff der Mutterstruktur, weil es wieder um mehr als um die leibliche Mutter geht. Das Lösen aus der bisherigen Mutterstruktur ist für ein Baby keine völlige Trennung von der Mutter, sondern von dem Raum, den die Mutter bis dahin gebildet hat. Es bildet sich ein neuer Mutterraum, der weiter ist und somit neue Entwicklungsmöglichkeiten bietet, der aber auch irgendwann wieder zu eng wird und verlassen werden muss: Wenn das Kind die ersten Schritte von der Mutter weggeht, wenn es sich im Kindergarten erstmals in einer Welt getrennt von den Eltern bewegt, wenn das Kind die erste Nacht woanders schläft, wenn es eigene Aktivitäten entwickelt und sich als Jugendlicher mehr für die Meinung der Freunde interessiert als für die der Eltern. Damit sind nur einige Beispiele herausgegriffen. Immer mehr weitet sich der Aktionsraum des Heranwachsenden, wird Vertrautheit und Sicherheit eingetauscht gegen Freiheit, Selbstständigkeit und Eigenverantwortung. Dieser Prozess ist nur bedingt ein allmählicher und stetiger. Es sind immer wieder »Quantensprünge« notwendig, während derer die seelische, manchmal auch die körperliche Entwicklung auf eine höhere Stufe gehoben wird. Das ist oftmals flankiert oder sogar ausgelöst durch äußere Ereignisse wie beispeisweise der Schulbeginn oder der Auszug aus dem Elternhaus. Aber es geht primär um die seelische Entwicklung.

Der Wechsel des »Mutterraums« ruft sowohl Neugier und Lust als auch Angst und Widerstand hervor. Beide Seiten sind wichtig. Denn Angst und Widerstand bewahren vor zu schnellem Ausweiten der eigenen Kreise, Veränderungslust und Neugier bewahren vor Stillstand. Die Angst resultiert aus der Ungewissheit, aus dem Preisgeben der Sicherheit. Die Lust wächst aus dem Spüren der Enge und aus dem Ärger mit den Grenzen. Der Wechsel in einen neuen Raum ist immer geprägt vom Kampf dieser Pole. Hier nun ist Kraft gefragt, Vaterkraft.

Der Vater bildet keinen solchen Raum, wie ursprünglich die Mutter. Seine Funktion ist es vielmehr, das Kind in seinem Expansionsdrang zu unterstützen. Damit nimmt er den komplementären Gegenpart zur Mutter ein. Komplementär bedeutet, dass zwei Seiten sich zwar entgegengesetzt verhalten, damit aber keine Feindschaft, sondern eine Ergänzung bilden. Die schützende und bewahrende Funktion des Mutterraums erfährt ihre Ergänzung durch die hinausdrängende Vaterkraft. Und die Schilderung von

Veränderungsangst und Veränderungslust beim Kind zeigt, wie wichtig beide Pole sind.

In seiner Triangulierungsfunktion löst der Vater die Mutter-Kind-Dyade auf. Aber er eröffnet nicht nur eine Dreierbeziehung, die dann ihrerseits geschlossen ist. Er führt das Kind in diesem Prozess zugleich in die Welt. Das Wecken der Neugier, die Lust am Entdecken, das Schaffen neuer Reize sind wichtige Aufgaben des Vaters. Ein Kind ist damit allein oft überfordert. Das kleine Kind, das erstmals die Mutter loslässt, um die ersten freien Schritte zu gehen, wird sich zumindest scheuen, diese Schritte ins Nichts zu wagen. Es braucht ein vertrautes Gegenüber, das ihm zu diesem Wagnis ermuntert, das ihm verheißt, dass es lohnt, Angst und Widerstände zu überwinden.

Es mag für die Erwachsenen oft nur wie eine Lappalie vorkommen, wenn das Kind etwas Neues erlebt und es dafür Mut braucht. Aber ein Blick auf die Folgen fehlender Vaterkraft zeigt uns, um welche Dimension es bei diesem Thema auch gesellschaftlich geht: Im Jahr 2007 lebten 42% der 22-jährigen Mädchen noch bei ihren Eltern, bei den Jungen sind es gar 46% der 24-jährigen. Bei den 30-Jährigen sind es noch 14% der Männer und 5% der Frauen[64]. Das bedeutet schlicht, dass es im Loslösungsprozess der Heranwachsenden an Vaterkraft gefehlt hat. Denn wo ist die Lust an der Eigenständigkeit, an der Eigenverantwortung? Und dabei handelt es sich keinesfalls nur um ein Problem der jungen Erwachsenen. Nicht nur ihnen fehlt die Vaterkraft. Wenn sie in dieser Lebensphase fehlt, dann wird es auch schon vorher nicht weit her damit gewesen sein.

Das Beispiel der »Nesthocker« ist aus zweierlei Gründen interessant. Es zeigt zum einen die Verschränkung individueller Väterlichkeit mit der gesellschaftlichen Dimension. Denn so sehr auch in Medien von einem gesellschaftlichen

Phänomen »Hotel Mama« gesprochen wird, so sehr ist es doch auch Zeichen individuell mangelnder Vaterkraft.

Alexander Mitscherlich in einem Interview:

»Die Frage, ob man sich zum Narren machen lässt, kann man nicht auf die Gesellschaft schieben. Das kann ich nicht darauf schieben, dass die Konsumgesellschaft mir Konsum aufzwingen will. Wenn ich nicht konsumieren will, dann kann ich mir das ja überlegen. Aber es fortwährend auf die anderen zu schieben, halte ich – zum Teil jedenfalls – für nicht legitim. So sehr es richtig ist, dass die Gesellschaft denjenigen, der nicht konform ist, abhalftern möchte.«[65]

Der zweite Grund, warum das Beispiel der »Nesthocker« interessant ist, zeigt sich darin, dass es auch hier weniger um den Vater allein, als vielmehr um das Prinzip Väterlichkeit geht. Denn so sehr der Vater in der frühen Zeit in seiner spezifischen Kraft als Hinzukommender gefragt ist, so sehr wird Vaterkraft zunehmend ein Thema, das beide Eltern und darüber hinaus die »Vaterfiguren« der sozialen Welt bis hin zur Gesamtgesellschaft betrifft. Denken Sie an das Beispiel der Bundeskanzlerin in der Guttenberg-Affäre. Hier fehlte es ihr an Kraft, an Vaterkraft.

Allerdings zeigen Erfahrungen mit Beziehungsdynamiken in Familien, dass gerade beim Thema der »Nesthocker« die Mütter oft ein besonderes Interesse haben, dass ihre Kinder nicht aus dem Haus gehen. Häufig sprechen Mütter in Beratungsgesprächen unabhängig voneinander davon, dass sie beim Auszug ihrer Kinder das Empfinden hatten »ein Stück eigener Seele zu verlieren«. Die Väter erleben diesen Einschnitt zumeist nicht so heftig. Es ist daher wichtig, dass sich das Elternpaar gegenseitig unterstützt.

Der Vater, indem er die Situation nicht nur mürrisch hinnimmt, sondern konsequent die Kinder zum Auszug nötigt. Und die Mutter, die diesem Geschehen keinen Widerstand entgegenbringt, sondern die Führung des Vaters zulässt. Vaterkraft ist ein wesentliches Merkmal des Prinzips Väterlichkeit. Es geht hierbei nicht darum, dass der Vater kräftig ist. Das mag ja auch immer mal nützlich sein. Aber es geht viel wesentlicher um die Verwirklichung einer prinzipiellen Lebenshaltung, die entscheidend für die Entwicklung der Kinder wie unseres Gemeinwesens ist. Das mütterliche Prinzip, das bewahrt und hält, und das väterliche Prinzip, das loslässt und zur Veränderung treibt, müssen in einem ausgewogenen Verhältnis zueinanderstehen. Das bedeutet nicht, dass es nicht Situationen gibt, in denen das eine Prinzip wichtiger als das andere ist. Aber wenn ein grundsätzliches, dauerhaftes Ungleichgewicht festzustellen ist, dann gerät die individuelle wie die gesellschaftliche Entwicklung ins Wanken. Diese Gefahr besteht natürlich in beiden Richtungen. Jedoch ist unsere Zeit stärker dadurch gekennzeichnet, dass es an Vaterkraft mangelt.

DER VATER ALS REPRÄSENTANT DER REALITÄT

Neben der Vaterkraft und mit ihr verschränkt, können wir ein weiteres Merkmal von Väterlichkeit erkennen. Auch dieses knüpft an die Aufgabe des Vaters in den ersten Jahren der Kindererziehung an: Der Vater repräsentiert für das Kind die Realität außerhalb der »Mutterwelt«.

Ein Vater:

»*Abends, als meine Frau unsere dreijährige Tochter zu Bett gebracht hat, fing Sarah plötzlich an zu weinen. Wie aus dem Nichts, ohne Grund. Meine Frau ging zu ihr und fragte, was los sei. Aber Sarah weinte und wollte, dass ich zu ihr komme. Das war in solchen Situationen eher ungewöhnlich. Ich bin dann also zu ihr hingegangen und sie hat mich sofort umarmt und weiter geweint. Und dann stieß sie hervor:* »*Papa, ich möchte nicht sterben.*«

Das Auffällige an diesem Beispiel ist, dass die Tochter entgegen ihrer sonstigen Gewohnheit nach dem Vater ruft. Sie bewegt eine Angst, die sie nur bei dem Vater richtig aufgehoben sieht: die Angst vor dem Tod. Sie ist in dem Alter, in dem sie die Unausweichlichkeit des eigenen Todes begreift und in dem sie sich dieser Wahrheit stellen muss. Und sicher sucht sie nun Schutz und Trost bei ihrem Vater. Doch warum eigentlich beim Vater und nicht bei der Mutter? Die Antwort kann nur lauten, dass sie beim Vater, oder besser: in seiner Väterlichkeit einen Halt sucht, den ihr Mütterlichkeit nicht geben kann. Sie sucht kein Vertrösten und keine Beschwichtigung. Denn instinktiv spürt sie, dass es hier nichts zu beschwichtigen gibt. Das Einzige, was ihr der Vater geben kann, ist die Bestätigung ihrer Angst.

Es mag den Vater zerrissen haben, weil er die Ängste seiner Tochter vielleicht gern beschwichtigt hätte. Aber dann hätte er nicht nur gelogen, er hätte seine Tochter auch einer entscheidenden Entwicklungsaufgabe beraubt: der Erkenntnis des eigenen Todes. Er wäre der Realität ausgewichen.

Das Prinzip Realität mag zunächst neutral erscheinen. Wenn ich jemandem die Realität nahebringe, dann zeige ich ihm die Welt, wie sie ist und das können gute und böse, schöne und hässliche Seiten sein. Doch während die guten und schönen Seiten kaum Probleme bereiten, sieht das mit den bösen und hässlichen schon anders aus. Gefordert bin ich dort, wo diese Seiten angesprochen sind.

Es ist ein zentrales Charakteristikum unserer Zeit, Kinder vor schwierigen Situationen bewahren zu wollen. Die Welt soll möglichst lange schön und heil sein. Und natürlich kann es auch nicht darum gehen, Kinder zu überfordern. Aber andererseits zeigt uns ein genauer Blick, dass die Tendenz in unserer Gesellschaft eher in die andere Richtung geht. Noch erwachsene Menschen scheuen das Schwierige oder auch das Schmerzhafte. Zum genannten Thema der Unausweichlichkeit des Sterbens besteht ein breiter Konsens des Verdrängens, des sich nicht wirklich dieser Tatsache Stellens. Der Philosoph Walter Benjamin bezeichnete die Verdrängung des Todes gar als Hauptaufgabe des Kapitalismus.

Ein Pfarrer:

»Mir ist es wichtig, bei den Beerdigungen die Ernsthaftigkeit und Unausweichlichkeit des Abschieds zu verdeutlichen. Nur dann kann nach meiner Meinung die christliche Hoffnungsbotschaft Raum gewinnen und nicht bloß billiger Trost sein. Deshalb habe ich zu Beginn der Beerdigungspredigt immer proklamiert: ›Herr XX ist tot. Er wurde geboren am … Er starb am …‹ Mir ging es dabei auch darum, den Toten zu ehren und die Daten seines Erdendaseins zu nennen. Doch es kamen zunehmend Gemeindeglieder und sagten mir, dass sie das zu hart empfinden. Ein Kirchvorsteher bat mich, künftig lieber eine andere Formel zu gebrauchen, etwa: ›… ist von uns gegangen‹ oder ›… ist entschlafen‹ Naja, und dann habe ich das gemacht.«

Es ist für unsere Gesellschaft typisch, dass sie die unangenehmen Tatsachen des Lebens lieber beiseiteschiebt. Die Unausweichlichkeit des Todes, aber auch die bereits im ersten Teil angesprochene zwangsläufig nur begrenzt zu habende Sicherheit vor Kriminalität und anderen Widrigkeiten sind wichtige Beispiele hierfür. Man erinnere sich nur der EHEC-Fälle im Frühjahr 2011. Natürlich ist es bitter und keinesfalls wünschenswert, wenn Menschen an einer Infektionskrankheit sterben. Aber die durch die Medien kolportierte Ansicht, so etwas ließe sich vermeiden, wenn die verantwortlichen Behörden nur besser arbeiten, entspricht einem hohen Maß an Realitätsverleugnung. Richtig ist, dass wir nie ein solches Maß an Sicherheit vor plötzlich auftretenden Infektionen erreichen können, dass Todesfälle vermieden werden können. Es wird immer wieder Einzelfälle und überraschende Epidemien geben. Der Mensch wird mit seinem Wissen und Können zwangsläufig an Grenzen stoßen. Infektionskrankheiten lassen sich nicht beherrschen, trotz aller Erfolge in der Forschung. Es gehört zu unserer Realität, dass Menschen vorzeitig sterben, dass ewige Jugend eine Illusion ist, dass Krankheiten unausrottbar sind und so fort. Und es ist ein wichtiges Merkmal von Väterlichkeit, diese Tatsachen des Lebens immer wieder, unbeirrt und eindringlich zu benennen.

Die Aufgabe des Vaters ist es, das Kind auf eine Welt vorzubereiten, in der es Niederlagen und Schmerz gibt. Diese Aufgabe scheint nicht nur als soziale Verpflichtung zu bestehen, sondern bereits in die Biologie des Mannes eingeschrieben zu sein. So hat die Väterforschung deutliche Unterschiede zwischen dem Spiel der Väter und dem Spiel der Mütter mit ihren Kindern festgestellt[66]. Väter muten ihren Kindern von Beginn an mehr zu als Mütter, ihr Spiel ist herausfordernder, weniger kontinuierlich. Väter haben weniger Angst, dass den Kindern etwas zustößt. Sie führen sie bis an ihre Grenze und erweitern damit ihren Erlebnisraum. Eingeschlossen ist in dieses Erleben immer auch Scheitern. Damit lernen Kinder, mit Schwierigkeiten umzugehen. Zwar geben auch Väter im Erleben des Überschreitens bisheriger Grenzen Schutz und Sicherheit. Aber sie wollen dabei nicht vor unangenehmen Erfahrungen bewahren.

Die Umsetzung des Realitätsprinzips als Merkmal des Väterlichen schließt die Bereitschaft zur Frustration des Kinds ein. Es ist ein wesentlicher Lernprozess für einen heranwachsenden Menschen, die frustrierenden, anstrengenden, unliebsamen Wahrheiten, die die menschliche Realität eben auch ausmachen, zu erkennen und zu akzeptieren. Hier ist Vaterkraft gefragt. Väterlichkeit muss gerade an dieser Stelle standhaft sein und darf nicht der leichten Lüge verfallen.

Eine jüdische Geschichte:

»Ein Vater versuchte seinem Sohn seine Angst auszutreiben und ihm beizubringen, mehr Mut zu haben, indem er ihn dazu veranlasste, die Treppe herunterzuspringen. Zunächst stellte er ihn auf die zweite Stufe: ›Spring‹, sagte er, ›ich werde dich auffangen.‹ Und der Bub sprang. Dann stellte der Vater ihn auf die dritte Stufe und befahl ihm wiederum: ›Spring, ich werde dich auffangen.‹ Obgleich er Angst hatte, vertraute der Bub seinem Vater, gehorchte ihm und sprang in seines Vaters Arme. Dann stellte ihn der Vater auf die nächste und wieder die nächste Stufe, höher und höher, jedes Mal mit den Worten: ›Spring, ich werde dich auffangen.‹ Und jedes Mal wagte der Junge den Sprung und wurde von seinem Vater aufgefangen. So ging es weiter. Schließlich tat der Bub einen Sprung von einer sehr

hohen Stufe genau wie vorher, aber dieses Mal trat der Vater einen Schritt zurück, und der Junge fiel lang hin. Als er blutend und weinend wieder aufgestanden war, sagte der Vater zu ihm: ›Das soll dir eine Lehre sein: Traue niemals einem Juden, selbst wenn es dein eigener Vater ist.‹«[67]

Diese Geschichte verwirrt. Zum einen, weil sie brutal anmutet, zum anderen wegen ihrer scheinbar antisemitischen Aussage. Letzteres relativiert sich jedoch schnell, denn es ist der jüdische Vater selbst, der so spricht – zumal in einer jüdischen Geschichte. Und gerade über die Selbstbezichtigung eröffnet sich ein Lehrinhalt, der dadurch bedeutsam wird, dass er den Leser der Geschichte verstört.

Was ist das für ein Vater, der seinen Sohn so bewusst frustriert und sogar noch riskiert, dass dieser dabei verletzt wird? Es könnte ein sadistischer Vater sein. Doch dazu passt die Art und Weise nicht, in der die Geschichte erzählt wird, vor allem wenn wir die abschließende Aussage betrachten. Ein sadistischer Vater würde lachen und sich am Unglück des Sohnes ergötzen. Doch selbst wenn er seinen Sadismus durch eine verlogene Lehre verdecken möchte, würde der Vater auf »die böse Welt« verweisen, auf die anderen Menschen, vor denen sich der Sohn in Acht nehmen soll. Hier aber besteht die Lehre gerade darin, dass der Sohn vom Vater selbst enttäuscht wird. Das Vertrauen zu einem Menschen, zu dem man doch Vertrauen haben können sollte, wird in tiefer Weise erschüttert, zumal der Vater dem Sohn zuvor noch Sicherheit gegeben hat. Die Schlussfolgerung, die der Sohn lernen soll, ist demnach, dass er niemandem, aber auch wirklich niemandem in letzter Instanz vertrauen kann. Das klingt hart und unbarmherzig. Aber alles andere nährt eben die Illusion, die Welt könnte anders sein: leichter, paradiesischer. Der Sohn muss lernen, dass er mit solchem Verrat zu rechnen hat und dass er dennoch gefordert ist, sich *in dieser Wahrheit* dem Leben zu stellen.

Der amerikanische Psychotherapeut James Hillman schreibt dazu: »Wenn man sich darauf verlassen kann, dass man unversehrt, vielleicht sogar erhöht aus dem Erlebnis hervorgeht, was ist dann der Gewinn? Wenn man nur springt, wo man von Armen aufgefangen wird, hat man gar keinen Sprung getan ... Vor allem darf man es nicht vorher wissen, darf einem nicht vorausgesagt werden: ›Dieses Mal fange ich dich nicht auf.‹ Im Voraus gewarnt zu sein, heißt im Voraus gewappnet zu sein: Entweder springt man überhaupt nicht oder man geht nur ein Pseudorisiko ein. Trotz aller Versprechen kommt es aber dann doch irgendwann einmal dazu, dass das Leben dazwischenkommt, dass das Unglück passiert und man lang hinfällt.«[68] Die Lehre des Vaters ist, dass Mut dazugehört, die Herausforderungen des Lebens anzunehmen. Es braucht das ernste Trotzalledem, um sich der Realität in all ihren Facetten zu stellen. Das dreijährige Mädchen, das begreift, dass es einmal sterben muss und dass es davor niemand, weder Mutter noch Vater, bewahren kann, ist dennoch aufgefordert, das eigene Leben anzunehmen und den eigenen Weg zu gehen. Und genau das vermittelt der Vater, indem er den Jungen springen lässt und ihn nicht auffängt. Es ist eine Feuerprobe, eine Initiation für den Jungen wie für den Vater in seiner Väterlichkeit.

Ein wesentlicher Bestandteil dieser Feuerprobe ist die Entidealisierung des Vaters. So wie es ein zentraler Bestandteil der Triangulierungsfunktion des Vaters ist, dem Kind zu helfen, die bestehende Mutter-Kind-Beziehung realistisch zu sehen und auch die Fehler und Begrenzungen der Mutter zu erkennen, muss er das Kind auch auf die eigene Person bezogen entidealisieren. Die jüdische Geschichte erhält ihre Brisanz nicht nur daraus, dass der Vater seinem Sohn verdeutlicht, »wie die Welt ist«. Es zeigt auch seine eigene dunkle Seite, er zeigt, dass der Sohn auch ihm nicht vertrauen kann. Der Vater ist dabei bereit, die Beziehung zu seinem Sohn zu riskieren, um ihn aus der Illusion sich selbst gegenüber zu befreien.

Väter werden, wenn die Mutter nicht von Anfang an Feindschaft gegen den Vater in ihre Kinder pflanzt, immer auch von anfänglicher Idealisierung geprägt sein. Der Vater erscheint als stark, klug, unbesiegbar und gütig. Ritterspiele, Königsfantasien, ja selbst die Vorstellung von »Gottvater« haben in diesem entwicklungspsychologisch normalen Abschnitt der Idealisierung des Vaters ihren Ursprung. Sie helfen Jungen, aber auch Mädchen, sich stark genug für die Entdeckung der Welt zu fühlen und geben ihnen somit Sicherheit[69]. Doch wenn Söhne und Töchter auf diesem Stand stehen bleiben, verfehlen sie die Realität. Sie bleiben auf einen Niveau naiver Träumereien stecken, die sich später beim erwachsenen Mann als Unverletzbarkeitsfantasien, bei erwachsenen Frauen in schwärmerische Träumereien über »den Richtigen« fortsetzen.

Die Väter haben die Aufgabe, ihren Kindern ehrliche Antworten über sich und ihr Leben zu geben und damit auch das zu vermitteln, was sie nie geschafft haben, wo sie gescheitert sind und in welcher Weise sie anderen Menschen geschadet haben. Dies seinen Kindern zu vermitteln, wäre eine wichtige Aufgabe auch der aus dem Krieg heimkehrenden Männer gewesen, von denen im ersten Teil die Rede war. Nur durch ihre ehrliche Auskunft hätte sich eine Kraft der Veränderung entwickeln können, die im Scheitern und im Schmerz den Männern selbst, aber auch den Kindern geholfen hätte. Dass viele Väter auch mit weniger dramatischen Erlebnissen und weniger einschneidendem Scheitern mit dieser Ehrlichkeit Schwierigkeiten haben und die stattdessen die Idealisierung genießen, sollte nicht überraschen. Aber sie werden dadurch dem Realitätsprinzip nicht gerecht und versagen in ihrer Väterlichkeit. Wie Befragungen aufzeigen, glaubt ein Großteil der Kinder sehr lange, dass der eigene Vater eine gesellschaftlich nicht nur nützliche, sondern auch wichtige Arbeitsaufgabe innehat und in einer Führungsposition ist. Sie sehen ihren Vater als etwas ganz Besonderes. Hier haben die Väter versäumt, ihren Kindern »reinen Wein« einzuschenken und die eigene Entidealisierung vorzunehmen.

Die Heranwachsenden in den Familien und die heranwachsende Generation sind auf einen »ehrlich Antwort gebenden Vater« angewiesen: über die eigenen Beziehungserfahrungen, über das eigene Scheitern und Gelingen, über die eigenen daraus zu ziehenden Schlüsse und die notwendige Haltung. Die realen wie die symbolischen Kinder haben das Recht auf Antworten, die nicht ausweichen und Unangenehmes verschweigen. In der jüdischen Geschichte gibt der Vater diese Antwort – und es sollte nicht geglaubt werden, dass er es leichter und angenehmer für das Kind hätte machen können.

Dem Vorwurf, durch die Handlung des Vaters würde der Sohn in Ängstlichkeit verharren, ist mit der Erfahrung zu begegnen, dass doch gerade Überbehütung Lebensängstlichkeit zur Folge hat. Behütung vor den Schwierigkeiten des Lebens, vor Frustration, Niederlage und Schmerz mag sich zunächst besser anfühlen. Aber es verhindert eben auch Lebendigkeit, es motiviert, dem Leben in vielerlei Hinsicht auszuweichen. In den Beispielen des ersten Teiles lässt sich dieses Ausweichen immer wieder erkennen.

Einer Psychotherapeutin, der ich die jüdische Geschichte erzählte, fiel sogleich das Gegenbeispiel ein:

»Ich habe eine Patientin, die sich in vielerlei Hinsicht nicht getraut, ins Leben zu gehen. Auf ihre Kindheits-

erinnerungen angesprochen, berichtete sie, dass sie noch im Kindergartenalter nicht allein eine Treppe hinuntergehen durfte. Sie musste immer auf die Mutter warten, die sie dann an die Hand nahm.«

Auch wenn dies ein extremes Beispiel sein mag, das keinesfalls das Verhalten der Mütter insgesamt widerspiegelt, zeigt die Richtung des einen wie des anderen Beispiels den Unterschied zwischen Mütterlichkeit und Väterlichkeit wie im Brennglas. Der mütterliche Impuls ist es, das Kind vor schlimmen Erlebnissen zu bewahren. Und es lässt sich sehr lebhaft vorstellen, welche Vorwürfe die Mutter dem Vater in der jüdischen Geschichte gemacht hat, als sie von seinem Verhalten hört. Väterlichkeit dagegen bewahrt nicht, sondern bereitet auf solche Ereignisse vor. Ihr Credo ist es nicht, die Welt schöner zu machen, sondern sich dem zu stellen, wie sie ist.

Das bedeutet, dass Väterlichkeit das Schmerzhafte der Welt aufzeigt und zugleich dazu auffordert, diesem nicht um jeden Preis aus dem Weg zu gehen. Das Schmerzhafte ist in der geschilderten Geschichte ganz wörtlich zu nehmen. Aber es meint auch den seelischen Schmerz, die Niederlage, den Verlust, das Scheitern. All das gehört zu unserer Realität. Und doch stehen wir immer wieder in der Versuchung, dies zu leugnen oder zumindest den Schmerz zu betäuben.

Denken wir an das romantische Liebesideal, das die Partnerschaftsfähigkeit vieler Menschen in unserer Gesellschaft vergiftet. In meiner Arbeit als psychologischer Berater und Leiter der Beratungsstelle für AIDS und sexuell übertragbare Krankheiten im Gesundheitsamt Dresden erlebe ich es immer wieder, dass Menschen frustriert über das Verhalten des Partners/der Partnerin sind. Er/sie ist fremdgegangen und nun fragen sie sich, ob sie jemals wieder einem anderen Menschen vertrauen können. Ich bestätige dann diesen Zweifel, rate zur Vorsicht, widerspreche aber der zugleich geäußerten Ansicht, dass dies ein Argument gegen eine neue Partnerschaft sei. Wer hat denn diesen Menschen eingeredet, dass man anderen völlig vertrauen können muss, ehe eine Partnerschaft sinnvoll ist? Wo war denn der Vater, der den Heranwachsenden deutlich gemacht hat, dass man niemandem vertrauen kann? Es ist doch schon schwierig genug und ein hohes Ziel, sich selbst vertrauen zu lernen. Wie sicher kann ich mir denn selbst sein, dass ich meine Ideale nicht verrate und so handle, wie ich es von mir selbst erwarte? Wie sehr vertraue ich meinen eigenen Empfindungen? Ist die Art, wie ich denke und handle wirklich aus mir und meinem Willen heraus entstanden oder passe ich mich nur an? Ist meine Selbstsicherheit nur aufgesetzt? Wenn ich auf dem Weg zum *Vertrauen in mich* selbst ein gutes Stück vorankomme, habe ich viel erreicht. Warum also erwarten so viele Menschen, dass sie ihrem Partner völlig vertrauen können? Die Antwort kann doch nur lauten, dass sie sich selbst als zu schwach fühlen, sich der immer auch enttäuschenden, frustrierenden, schmerzhaften Welt zu stellen. Und hier hat Väterlichkeit versagt, die diesen Weg bereiten muss.

Sie müsste zudem deutlich machen, dass zum Leben Anstrengung gehört. Es ist ein Charakteristikum unserer heutigen Zeit, dass viele Menschen gerade in Partnerschaften kaum noch bereit sind, Anstrengungen in Kauf zu nehmen. Der Partner soll »passen«, es soll »der/die Richtige sein«. Und wenn dann herauskommt, dass er/sie doch nicht so toll ist, wie ursprünglich erhofft und erwartet, dann wird sich schnell getrennt. Wer diese »moderne Einstellung« einmal in ihrer Destruktivität erkannt hat, muss über die Filme in Kino und Fernsehen, die Liebe und Partnerschaft zum Thema haben, verzweifeln. Und da meine ich nicht nur die Hollywoodschinken oder die seichten Schnulzen.

Ich meine auch die deutschen Filme, die scheinbar ambitioniert versuchen, Realität darzustellen. Auch dort werden zumeist Mythen von Liebe und Partnerschaft entwickelt, die – wenn zumeist auch ungewollt – die Unfähigkeit der Protagonisten widerspiegeln, sich partnerschaftliches Miteinander erarbeiten zu können. Diese allabendliche Infiltration der Zuschauer grenzt angesichts der Scheidungsraten und Zunahme von Singles an Gesellschaftszersetzung. Doch da sie »so schön« daherkommen, den eigenen Ärger über das andere Geschlecht (zumeist die Männer) bestätigen und damit die eigene Haltung nicht hinterfragen, wird nicht nur kein Anstoß an solchen Filmen genommen, sie sind regelrecht erwünscht.

Väterlichkeit muss deutlich machen, dass die Realität anders ist. Glück geschieht nur in den seltensten Fällen einfach so und selbst dann muss es aktiv bewahrt und gepflegt werden. Das zeigt sich in Partnerschaften, wird aber noch deutlicher in der Kindererziehung. Es gibt vermutlich nichts, was die Seele in der Tiefe so glücklich machen kann, wie eigene Kinder. Aber gerade hier wird jedem schnell deutlich, dass dieses Glück mit jahrelanger Anstrengung und auch Verzicht auf anderes erkauft werden muss. Doch wenn ich als Vater erwachsener Kinder resümierend die Summe der Anstrengungen dem Glück und oftmals tiefem Berührtsein durch meine Kinder gegenüberstelle, neigt sich die Waage eindeutig auf die Seite des Glücks. Ich verstehe nicht, warum es Menschen gibt, die diese Anstrengung für ein vermeintlich leichteres – dabei aber auch flacheres – Leben scheuen. Als gesellschaftliches Phänomen ist das nur erklärbar mit einer überbordenden Sehnsucht nach eigener Bemutterung, mit dem Wunsch, selbst mehr zu bekommen als man bereit ist zu geben. Väterlichkeit hat aufzuzeigen, dass diese Rechnung falsch ist, dass Lebensglück und Lebenssinn auch mit Anstrengung erarbeitet werden müssen.

Ein Mann erzählt von seiner Arbeit:

Er ist an einem ingenieurstechnischen Institut an einer Uni tätig. Die Arbeitszeiten sind fast beliebig. Selbst wenn er mal nicht zur Arbeit kommt, wird das von seinem Vorgesetzten (er spricht hier ein wenig verächtlich vom »Chefchen«) nicht angesprochen. Um sich selbst ein wenig Struktur zu geben, hat er eine Zeit lang aufgeschrieben, wann er auf Arbeit war und was er dort getan hat. »Ich habe das aber bald gelassen. Es hat sich eh keiner dafür interessiert.«
In Therapie ging er, weil er sich selbst als antriebs- und lustlos einschätzte. In den Gesprächen eröffnete sich dann eine Kindheit, die deutliche Parallelen zu seiner Arbeitssituation aufwies: Die Eltern haben sich getrennt als er fünf Jahre alt war. Zwei, drei Jahre später hatte die Mutter einen neuen Partner (»Stiefvater«), der aber den Kindern keine Grenzen und Regeln vermitteln durfte. Das wollte der Patient, aber auch seine Mutter nicht. Nach Meinung des Mannes hat »sich die Mutter für uns Kinder aufgeopfert«. Er ist nach eigenem Bekunden vaterlos aufgewachsen.
Ebenso resigniert wie die Aussage zu seiner Arbeit, dass sich keiner für ihn interessiert, stieß er einmal hervor: »Ich habe nicht gelernt, meinem Leben einen Sinn zu geben.«

Dieser Mann hat intuitiv begriffen, dass Lebenssinn nicht einfach da ist, sondern gestaltet werden muss. Trotzdem war es ihm zunächst nur schwer möglich zu erkennen, dass der Grund für seine tiefe Resignation im »Aufopfern der Mutter« und im fehlenden Vater zu finden ist. Die therapeutische Intervention hatte neben der Erarbeitung dieser Erkenntnis vor allem auch Väterlichkeit zur Verfügung zu stellen. Da ihm in der Ursprungsfamilie nicht genug Struktur gegeben wurde, musste er nun mithilfe des Therapeuten lernen, sie sich sekundär zu geben. Dies ist sicher sehr viel anstrengender, als wenn er das bereits in seiner Kindheit gelernt hätte. Aber auch jetzt ist die väterliche Aussage notwendig, dass die Kindheitsdefizite nicht als Ausrede gelten. Wenn er aus seiner Antriebs- und Lustlosigkeit herauswill, muss er daran *arbeiten*.

Zentraler Inhalt dieser Arbeit und eng mit der Sinnhaftigkeit des Lebens verbunden ist demnach die Strukturierung des eigenen Verstehens und Lebens. Dies wird am Beispiel dieses Mannes sehr gut deutlich. Ein Mensch braucht Erklärungs*muster*. Es ist eine zentrale Aufgabe des Vaters, dem Kind sinnstiftende Erklärungsmuster zu vermitteln. Diese müssen eng mit der Realität dieser Welt verbunden sein. Erklärungen, die nur der Beruhigung dienen, aber der Wirklichkeit nicht standhalten, werden irgendwann versagen und damit keinen Halt mehr bieten können. Die erste Aufgabe des Mannes in seiner Therapie ist demnach, dem Leben eine Verständnisstruktur zu geben. Der zweite Schritt, durch den Leben sinnhaft wird, ist die tätige Strukturierung des Lebens selbst. Der Mann in dem Beispiel lebte in einem strukturschwachen Raum. Sein »Arbeitsvater« vermittelte ihm Desinteresse, wie in seiner Kindheit bereits der eigene Vater, der nach der Trennung der Eltern für den Jungen nicht mehr zur Verfügung stand. Das Ergebnis war, dass der Junge auch später noch als Mann große Schwierigkeiten hatte, sein Leben selbst »in den Griff zu bekommen«.

Struktur gibt Halt. Sie entlastet von fortwährendem Entscheidenmüssen, das zwangsläufig überfordert: »Ich frage mich immer, ob ich jetzt wirklich aufstehen will. Ich bin doch noch müde und es interessiert ohnehin niemanden, ob ich pünktlich an der Uni bin«, so die Aussage des Mannes. Es ist leicht zu verstehen, dass der Mann keine Lust am Leben hat, wenn das Leben ihn nicht herausfordert. Es mag verlockend sein, morgens noch ein wenig liegen zu bleiben. Aber das zieht die Lebensenergie ab, wenn es zur Dauererscheinung wird. Der Mann hätte also eines Vaters bedurft, der ihn fordert und der ihm damit vermittelt, dass es Sinn macht, sich den Anforderungen des Lebens zu stellen. Nun aber befindet er sich in einer Zwickmühle. Er hat selbst nie gelernt, sich und sein Leben zu strukturieren und zugleich vermeidet er es unbewusst, sich Bedingungen auszusetzen, die ihn von außen strukturieren und fordern. Die Situation an der Universität ist ebenso durch Väterlosigkeit charakterisiert wie seine Kindheit. Ziel des therapeutischen Prozesses muss es demnach sein, neben dem Lebensverständnis auch eine Lebensstruktur zu entwickeln. In diesem Fall bedeutet das vor allem, dass sich der Mann eine Arbeit sucht, die eine verbindliche Struktur bietet und der er sich unterwerfen muss. Das kann ihm sekundären Halt geben und Sinnhaftigkeit vermitteln.

Das Realitätsprinzip, das Väterlichkeit charakterisiert, gewinnt seine Brisanz daraus, dass damit eben nicht nur schöne, sondern ebenso frustrierende, schmerzhafte, beschwerliche und entidealisierende Seiten des Lebens vermittelt werden. Damit nimmt der Vater in der Konsequenz eine Rolle in der Familie ein, die prädestiniert für Gegenrede und Ablehnung ist. Mütterlichkeit als sorgendes, Sicherheit und Schutz gebendes Prinzip scheint dagegen die bessere Wahl. Sicher ernten auch Mütter Ablehnung, insbesondere wenn sie selbst väterlich handeln und fordern. Da wird wieder das Prinzip des Prinzips deutlich. Aber es gibt bei diesem Thema doch einen entscheidenden, in der Biologie verwurzelten Unterschied zwischen Müttern und Vätern. Während die Urerfahrung des Kindes in einer Abhängigkeit von der Mutter wurzelt, ist der Vater für das Kind ein Hinzukommener. Das bedeutet, dass ein Kind tief im Unbewussten abgespeichert hat, dass es ohne den Vater, aber nicht ohne die Mutter leben kann.

Wenn also ein Kind seine Mutter völlig ablehnt, muss sehr viel mehr an Verletzungen der Kinderseele geschehen sein, als dies bei einer Ablehnung des Vaters der Fall ist. Dieser Fakt zeigt die Verantwortung, in der Vater und Mutter gemeinsam bei der Umsetzung des Realitätsprinzips als Wesensmerkmal des Väterlichen stehen. Auch die Mutter muss immer einmal wieder väterliche Aufgaben übernehmen, vor allem aber muss sie mit der spezifischen Aufgabe des Vaters von Beginn an einverstanden sein. Wenn es hier ein Gegeneinander gibt, hat der Vater realistisch kaum eine Chance, sich durchzusetzen. Wie ernst diese Tatsache zu nehmen ist, wird durch die im ersten Teil dargestellte gesellschaftliche Ablehnung von Väterlichkeit deutlich.

Ein Workshopleiter:

»Der Männerworkshop war sehr intensiv. Es ging – kurz gesagt – darum, dass die Männer nicht mehr so viel über all das klagen, was sie in der Kindheit nicht hatten. Die waren teilweise schon so oft beim Workshop und die Teilnehmer sind auch alle therapieerfahren. Sie wissen also um ihre Defizite. Meist geht es um die Mutter, die emotionalen Druck ausgeübt hat, und um den fehlenden Vater – ganz kurz gesagt. Na, und die wissen das. Aber es steht ja auch die Frage, wie sie jetzt damit umgehen. Die Kindheit können sie nicht mehr rückgängig machen und sie müssen ja trotzdem Verantwortung für ihr Leben übernehmen. Und genau darum ging es in dem Workshop. Wir Leiter haben immer wieder deutlich gemacht, dass es darum geht, ›raus aus dem Sandkasten‹ zu kommen.
Um einen Mann in meiner Gruppe habe ich mich be-

sonders bemüht, weil er es auch wirklich schwer hat. Es fiel ihm schwer, zu akzeptieren, dass er nun, mit Anfang zwanzig, nichts mehr von seinen Eltern zu erwarten hat. Aber am Ende war er für diese Einsicht offen. Und im Ergebnis hat er sich zum Beispiel aktiv an dem gemeinsamen Abend der Teilnehmer beteiligt. Er hat sogar eigene Ideen eingebracht und am nächsten Tag in der Abschlussrunde war er richtig fröhlich.
Und in seiner Fröhlichkeit hat er sich herzlich bei der Gruppe für die Hilfe und für den Abend bedankt. Das Verrückte ist, bei mir hat er sich nicht bedankt. Obwohl ich mich sehr um ihn bemüht habe und die Gruppe ihn ohne meine Intervention nie so unterstützt hätte. Es war so, als wäre mein Bemühen nicht wichtig oder einfach nur selbstverständlich.«

Erfahrungen der Ignoranz oder gar der Ablehnung treffen reale oder symbolische Väter immer wieder. Väterlichkeit bedeutet, in solchen Situationen nicht gekränkt zu reagieren und sich auch nicht beirren zu lassen.

VÄTERLICHE BEGRENZUNG

Sehr eng mit dem Realitätsprinzip ist die Begrenzungsthematik verbunden.

Soll man Kindern erlauben, mit dem elterlichen Auto zu fahren?
Die meisten Eltern erlauben das, einige vermutlich mit »Bauchschmerzen«, viele eher gedankenlos. Es gibt vermutlich keine, für jeden geltende richtige Antwort.

> Aber: *Angenommen, der denkbar schlechteste Fall geschieht und ein Unfall passiert. Was würde das bedeuten? Können die Kinder diesen Unfall in seinen Konsequenzen tragen, also gegebenenfalls das Geld für die Reparatur zahlen? Aber auch wenn Eltern genug Geld haben, es selbst zu begleichen oder eine Kaskoversicherung tut dies: Was würde das an Arbeit und Einschränkung für die Eltern bedeuten (Geld, Werkstattbesuche, tagelanges Nichtzurverfügunghaben des Autos). Es wäre verständlich, dass sich dann die Eltern ärgern und die Beziehung zu den Kindern angespannt ist.*[70]

Dieses Beispiel ist deshalb interessant, weil es die Frage aufwirft, was wichtiger ist: Gut gefunden zu werden oder begrenzend zu wirken und damit die Beziehung zu den Kindern zu schützen. Die Grundsituation ist leicht vorstellbar: Die Tochter fragt: »Papa, kann ich morgen das Auto haben? Ich möchte mit Felix zu einem Freund in die Nachbarstadt fahren. Wir sind auch vor dem Abend wieder da.« Der Vater wird vielleicht schnell einverstanden sein, weil er solche Fragen kennt und immer schon Ja gesagt hat. Eventuell wird er auch zögern, aber die Mutter redet ihm gut zu: »Wir brauchen das Auto morgen doch nicht.« Und er wird dann die Spritztour der Tochter erlauben und alle sind zufrieden.

Was passiert aber, wenn dann doch der Unfall geschieht? Die entscheidende Frage lautet nun, akzeptieren es die Eltern als das von ihnen anerkannte Schicksal oder grollen sie der Tochter und machen ihr gar Vorwürfe. Dass Eltern einen Unfall, den die Tochter mit ihrem Auto verschuldet hat, nicht klaglos hinnehmen, kann ihnen niemand verdenken. Aber dann dürfen sie ihr das Auto nicht geben!

Es handelt sich hier um ein spezielles Beispiel, aber es hat Verallgemeinerungswert. Haben die Eltern Grenzen und vertreten sie diese gegenüber den Kindern? Der erste

Teil ist zu bejahen, denn natürlich sind alle Eltern in ihrer Liebe und in ihrem Gebenkönnen begrenzt. Der zweite Teil aber lässt sich für viele Eltern nicht so leicht beantworten. Es ist geradezu ein Charakteristikum heutiger Elternschaft, dass den Kindern zu wenig Grenzen gesetzt werden. Ich hatte bereits auf Michael Winterhoff und sein Buch »Warum unsere Kinder Tyrannen werden« verwiesen. Er beschreibt darin die mangelnde Grenzziehung durch die Erwachsenen als zentrales Problem. Es wird Kindern die Entscheidungsmacht gegeben und damit sind sie zumeist hoffnungslos überfordert. Sie entscheiden nach dem vermeintlichen Lustprinzip und können doch die Folgen gar nicht abschätzen. Die Tochter möchte das Auto für einen Tag geliehen haben. Aber sie kann das gar nicht selbst verantworten. Dabei handelt es sich hier noch um ein erwachsenes Kind. Wie sieht es aber aus, wenn die Kinder noch kleiner sind? Auch da werden ihnen in der heutigen Zeit üblicherweise zu wenig Grenzen gesetzt. Eltern sagen: »Unser Kind hat entschieden, nicht aufs Gymnasium zu gehen.« oder: »Unser Kind möchte in der Schule nicht zu Mittag essen.« oder »Unser Kind will im Kindergarten keinen Mittagsschlaf machen.«

Ein Mann, Tochter 5 Jahre, über das tägliche Einschlafritual mit dem Kind:

> *»Dreimal mit dem Kind ums Wohnviertel fahren, danach Gutenachtgeschichte vorlesen und die Mama zum Kuscheln dazulegen – aber nicht im Kinder-, sondern im Ehebett. Das funktioniert.«*[71]

Winterhoff fasst die Notwendigkeit väterlichen Handelns zusammen:

»Die Folge dieser Entwicklung ist, dass erwachsene Menschen die Fähigkeit verlieren, sich in ihrer Lebenswirklichkeit zurechtzufinden und ein klares Rollenverständnis gegenüber anderen Menschen zu entwickeln. Dieses Rollenverständnis müsste vor allem bei der Beziehung zu Kindern greifen. Da Kinder sich nicht alleine zu Erwachsenen entwickeln, die allen Anforderungen eines normalen Alltags gewachsen sind, ist es die originäre Aufgabe von Eltern, Großeltern, Pädagogen in Kindergärten, Schulen und anderen Einrichtungen, ihnen diese Entwicklung zu ermöglichen. Möglich ist das jedoch nur durch Erwachsene, die sich selbst in Abgrenzung zum Kind als prägend begreifen und dem Kind die Möglichkeit geben, Kind zu sein, also in der untergeordneten Rolle zu lernen und in der Adoleszenzphase langsam ans Erwachsenwerden herangeführt werden. Bis dahin müssen sie geführt, gespiegelt und somit auch geschützt werden. Dieser Schutzgedanke ist sehr wichtig.«[72]

Kinder, die nicht begrenzt werden, sind auf Dauer überfordert, werden zu Tyrannen und bleiben in ihrer Entwicklung auf einer kindlichen Ebene stecken. Ihnen fällt es später schwer, sich in der Lebenswirklichkeit zurechtzufinden. Es ist daher in ihrem eigenen Interesse notwendig, dass sie immer wieder begrenzt werden, dass sie Führung erfahren und dabei Halt finden. Das ist sicher nicht nur eine Aufgabe des Vaters, aber es ist auf jeden Fall Bestandteil des väterlichen Prinzips, das sich dem Gewährenlassen unbedingt widersetzen muss.

Drei Punkte begründen die Notwendigkeit von Begrenzung in der Kindererziehung und darüber hinaus:

1. Kinder sind den Eltern untergeordnet. Sie brauchen die-

se Hierarchie für ihre Entwicklung, für ihren Halt und ihre Orientierung. Sie müssen in ihren entwicklungsgemäßen Grenzen gehalten werden, die sich nur allmählich lockern dürfen. Der Erfolg des Liedes »Kinder an die Macht« von Herbert Grönemeyer zeigt, von welchen absurd romantisierenden Vorstellungen unsere Gesellschaft ergriffen ist.

2. Eltern müssen begrenzen, weil sie selbst Grenzen haben. Das bedeutet nicht, dass diese Grenzen immer gut und schön sind. Aber sie haben sie. Akzeptieren sie diese Grenzen nicht und vermitteln sie diese nicht gegenüber ihren Kindern, vergiften sie die Beziehung zu ihnen, wie das Beispiel des Autofahrens der Tochter zeigt.

3. Begrenzungen sind auch aus grundsätzlichen Erwägungen bedeutsam. Unser Leben ist endlich, unsere Kraft und unsere Möglichkeiten sind begrenzt. Gehen wir über diese Grenzen, betreiben wir Raubbau mit uns. Daher ist es für Menschen von Beginn an wesentlich, Begrenzungserfahrungen zu machen. Die Schuldenkrisen mehrerer Eurostaaten zeigen, dass es zwar zunächst schön und bequem ist, die eigenen Grenzen nicht realistisch zu leben, aber dass die Folgen dann viel schmerzhafter sind. Das gilt auch für den individuellen Bereich.

EIN MANN:

»Der neue Geschäftsführer in unserer Firma versucht, alles anders zu machen. Er hat die einzelnen Abteilungen umstrukturiert und ihnen dann mehr Eigenständigkeit gegeben. Damit hat er sich selbst aus vielen Einzelpunkten des Alltagsgeschäfts herausgenommen, was

zunächst sinnvoll schien. Aber jetzt streiten sich häufig die einzelnen Abteilungen um ihre Kompetenzen und um das gegenseitige Zuschieben von Verantwortung. Das Betriebsklima hat sich deutlich verschlechtert. Aber der Geschäftsführer bekommt das gar nicht mit.«

Dieses Beispiel zeigt sehr gut, dass ein Übermaß an Verantwortungsabgabe nicht nur Kindern schadet, sondern sogar eine Firma aus dem Gleichgewicht bringen kann. Natürlich ist es wichtig, dass Kinder nicht nur gehorchen lernen. Und auch eine kluge Verantwortungsabgabe ist für das Betriebsklima wichtig. Aber das darf nicht dazu führen, dass der Chef (der Vater) sich seiner Verantwortung entledigt. Es liegt in seiner Verantwortung, wie viel er wem zutraut. Und er muss natürlich Kontrollmechanismen entwickeln, die ihn und die Firma davor schützen, dass alles aus dem Ruder läuft. Auch hier ist Begrenzung – die eigene, wie die der anderen – notwendig.

DAS GESETZ DES VATERS

Das »Gesetz des Vaters« nannte der französische Psychoanalytiker Jacques Lacan das Prinzip, das konstituierend für die symbolische Ordnung des Lebens ist. Nach seinem Verständnis spricht jedes Gesetz im »Namen des Vaters« (»nom du père«) und verdankt diesem seine Autorität. Lacan begründet das Gesetz des Vaters mit dem Ödipuskomplex, nach dem das Kind die Mutter begehrt und den Vater dabei als Konkurrenten empfindet. Die Aufgabe des Vaters ist dann, gegenüber dem Kind das Inzesttabu zu vertreten (»das Nein des Vaters« – »non du père«). Durch diese ödipale Dynamik internalisiert der Sohn das »Gesetz des Vaters«, das dann über diese hinausgehend die Welt ordnet und ein Wertesystem schafft.[73]

Die Begründung des »Gesetzes des Vaters« durch den Ödipuskomplex sehe ich problematisch. So gibt es prominente Psychoanalytiker, die dieses Verständnismodell kindlicher Entwicklung ablehnen[74]. Ihr Hauptargument ist, dass die Grenzen und Konflikte der Eltern projektiv den Kindern und ihrer vermeintlichen Triebdynamik zugeschoben werden. Dabei erkennen wir bei genauem Hinsehen, dass sich im sogenannten Ödipuskomplex die Themen zeigen, auf die wir bei den bisherigen Ausführungen gestoßen sind: eine unaufgelöste Mutterbindung und eine Ablehnung von Väterlichkeit. Insofern lässt sich in den psychoanalytischen Beobachtungen der »ödipalen Dynamik« die Grundthese meines Buches bestätigen, dass es sich bei der Ablehnung von Väterlichkeit um ein kulturell geronnenes Phänomen handelt. Allerdings ist es ebenso wichtig zu erkennen, dass weder die überbordende Sehnsucht nach Mütterlichkeit noch die Ablehnung von Väterlichkeit ein unabwendbares Schicksal ist. Es zeigt keine unabänderliche Entwicklungsaufgabe des Kindes, sondern die Grenzen der Eltern.

Doch trotz der problematischen Grundlegung im Ödipuskomplex ist mit dem »Gesetz des Vaters« ein wesentliches Merkmal von Väterlichkeit angesprochen. Es geht um die Vermittlung eines Wertesystems an die Kinder, das Ordnung, Halt und Moral vermittelt. Begründet werden muss es nicht in einem ohnehin schwer nachzuvollziehenden Konstrukt. Es gründet sich in der bereits ausgeführten Rolle des Vaters als dem Anderen, dem Hinzukommenden, dem Repräsentanten der Realität, dem Begrenzenden. Der Vater wird damit zu dem, der die Ordnung der Welt vermittelt und so zugleich Werte setzt.

Alexander Mitscherlich:

»*Der kindliche Wettstreit mit dem Vater führt zur Verinnerlichung seiner Werteorientierung im Gewissen. Die realen Erfahrungen mit ihm bestimmen voraus, wie im Weiteren das soziale Feld erfahren werden kann. Insbesondere die emotionale Einstellung zur Berufswelt und das Engagement an der Gesellschaft im Allgemeinen werden so strukturiert. Die prägenden Einflüsse der Mutter sind die älteren; sie entstehen in der intimsten Zweipersonenbeziehung. Sosehr sich durch die Entwicklung in der spezialisierten Großgesellschaft die Berufsrollen von Mann und Frau angleichen mögen, es bleibt ein natürlicher, biologisch bedingter Unterschied.*«[75]

Mitscherlich berichtet von einem Film, in dem eine Entwicklung des Sohnes zum Mann nachgezeichnet wird.

»*Er (der Sohn in einem Filmbeispiel – M. St.) ist gewissenskundig, aber noch mehr – und darauf kommt es hier an –, er ist in der Lage,* an die Hand zu gehen. *Er hat eine Menge Fertigkeiten, die zum Vater oder zur väterlichen Welt gehören, abgeschaut und erlernt, und mit ihnen schlägt er sich nun, nach einer kurzen Phase schmerzüberwältigter Verlorenheit, tapfer durch den dichtesten menschlichen Dschungel.*
An diesem Modell exemplifiziert, hätte also das reale Erlebnis des Vaters im Kinde zwei Spuren hinterlassen. Ein Entfaltungsschema geordneten Verhaltens, das wir Gewissen *(»Über-Ich«) nennen, wäre angelegt, und zweitens: Ein Stück* Bewältigungspraxis *des Lebens wäre vom Vater auf den Sohn übermittelt worden.*«[76]
(Hervorhebungen im Original)

Mit den beiden Begriffen »Gewissen« und »Bewältigungspraxis« spricht Mitscherlich zwei zentrale Aspekte von Väterlichkeit an. Das Gewissen ist das verinnerlichte »Gesetz des Vaters«. Es meint die moralischen Prinzipien, nach denen zu handeln ist, um der Ordnung der Welt zu entsprechen und darin seinen Weg zu finden. Damit ist jedoch nicht die Akzeptanz bestehender Verhältnisse als ein Wert an sich gemeint. Es geht vielmehr um Prinzipien, die dem Einzelnen übergeordnet sind und die im Handeln verinnerlicht werden.

Das Gewissen darf nicht mit Schuldgefühlen verwechselt werden (»Ich habe ein schlechtes Gewissen.«). Schuldgefühle entstehen, wenn Kinder auf dem Weg zu mehr Eigenständigkeit nicht genügend Unterstützung erfahren. Sie finden ihre Ursache in einer klammernden Mutter und einem fehlenden oder unväterlichen Vater und sind damit den Depressionen verwandter als dem Gewissen. Das Gewissen fordert auch nicht auf, den Eltern, den Lehrern, dem Staat oder gar einer Ideologie zu dienen. Es geht vielmehr darum, seinen Weg in der Ordnung der Welt zu finden und dabei moralischen Prinzipien zu folgen, die sich unter Umständen auch gegen all das richten können. Das ist das Gesetz, das der Vater seinen Töchtern und Söhnen zu vermitteln hat. Aus fünf Aspekten setzt sich das »Gesetz des Vaters« zusammen: Ehrlichkeit, Prinzipienfestigkeit, Konsequenz, Akzeptanz und Verantwortung.

1. *Ehrlichkeit* als Prinzip meint eine Grundhaltung. Es geht dabei nicht um alltägliche, kleine Lügen, sondern um die Akzeptanz einer Ordnung, in der Ehrlichkeit und Redlichkeit einen wesentlichen Wert haben. Diesem Prinzip liegt die Überzeugung zugrunde, dass Mitmenschlichkeit und Beziehungsreichtum durch Kalkül und Verschlagenheit behindert werden. Zwar können kleine Lügen manchmal sogar der Wahrheit dienen, aber es

gibt eine Grenze. Diese ist beispielsweise erreicht, wenn Kinder mit einer Lebenslüge aufwachsen oder – wie im Fall Guttenberg – dauerhafte Vorteile erschlichen werden sollen.

Die Motive mögen in letzterem Fall sogar verständlich gewesen sein, die Verlockung einfach zu groß. Aber jenseits der Frage, ob man bei einem Betrug entdeckt wird oder nicht, bleibt das Gift der Unredlichkeit, die auch im Verborgenen wirkt, bleibt der seelische Schaden an sich selbst. *Das* ist der Hauptgrund, warum Lebenslügen grundsätzlich schlecht sind.

2. *Prinzipienfestigkeit* meint, seine Meinung, seine Haltung zu vertreten und nicht zuerst darauf zu schauen, was andere wollen. Dabei geht es nicht um Rigidität, um Rechtbehaltenwollen um jeden Preis, sondern um Integrität, um die eigenen Grundeinstellungen, um die Grundlinien eigener Lebensführung. Die dürfen nicht einfach mal so aufgegeben werden.

Wie brisant dieser Aspekt der moralischen Prinzipien ist, zeigte im ersten Teil die Thematik der Sozialpädagogik. Das dieses Arbeitsfeld konstituierende Prinzip ist das der sozialen Pädagogik, also die erzieherische Vermittlung von Fähigkeiten, das Zusammenleben respektvoll und nicht zerstörerisch gestalten zu können. Prinzipienfestigkeit in der Sozialpädagogik heißt demnach, diesem Berufsziel das eigene Tun unterzuordnen. Es geht also nicht um schöne Erlebnisse mit den Klienten, es geht schon gar nicht darum, gut und toll von ihnen gefunden zu werden. Wenn das passieren sollte, ist das gut. Aber Vorrang hat das Prinzip »soziale Pädagogik«. Daran muss sich das eigene Wollen und Tun bis hin zu Weiterbildungen und Selbsterfahrungen ausrichten. Unpünktlichkeit, Respektlosigkeit und Schnoddrigkeit laufen der notwendigen Prinzipienfestigkeit entgegen.

3. Prinzipienfestigkeit erfordert *Konsequenz*, denn nur so können Prinzipien umgesetzt werden. Es handelt sich hier also um das konkrete Handeln. Eltern, die das Prinzip vertreten, dass ihr Kind zu einer bestimmten Zeit schlafen soll, müssen dies selbstverständlich umsetzen. Da geht es nicht ums Bitten oder gar um die Hoffnung, dass das Kind dieses Prinzip selbstständig umsetzt. Es geht um konsequentes Fordern und Durchsetzen. Das kann sich dann sicher unterschiedlich gestalten, aber konsequent müssen die Eltern sein und diese Kosequenz auch als Lebensprizip den Kindern vermitteln.

4. Was es vielen Menschen so schwierig macht, konsequent zu sein, sind die möglichen Folgen. Doch es gilt, die *Folgen des eigenen Handelns zu tragen*. Es ist ein Irrtum, man könne den Folgen seines Tuns ausweichen, indem Entscheidungen gescheut werden. Auch das hat Konsequenzen – und wie wir an unserer Gesellschaft sehen, sind die am Ende oftmals schlimmer. Natürlich kann man hoffen, dass sich schwierige Situationen auflösen und man nicht genötigt ist, unangenehme Entscheidungen zu treffen. Aber dieses Ausweichen hat immer Folgen, die dann akzeptiert werden müssen. Über die zu jammern, widerspricht den moralischen Prinzipien.

Die Folgen von Ehrlichkeit, Redlichkeit, Prinzipienfestigkeit und Konsequenz sind oft nur schwer zu tragen. Sie können zu Ablehnung und Einsamkeit führen. Denken Sie beispielsweise an manche gesellschaftliche Missachtung derjenigen, die Wahrheiten aussprechen. Aber es geht eben auch nicht, seinen Prinzipien gemäß zu leben und dann noch unbedingt gut gefunden werden zu wollen. Umgekehrt soll jedoch keine Ablehnung um des

Kampfes willen proviziert werden. Es geht vielmehr darum, seine moralische Integrität im Blick zu haben und die Folgen – wie immer die auch aussehen mögen – zu akzeptieren.

5. Das fünfte moralische Prinzip, das unter das »Gesetz des Vaters« fällt, ist das der *Verantwortung*. Im Grunde schließt es die vorangegangenen vier ein, es ist das zentrale Merkmal des erwachsenen Lebens und der Vater hat die Aufgabe, dies seinen Kindern zu vermitteln und sie damit in die erwachsene Welt hinein zu initiieren. Es war im Kapitel zur Vaterkraft die Rede davon, dass ein Kind in seiner Entwicklung immer wieder den bisherigen Mutterraum verlassen muss, um in einen neuen zu gelangen, der mehr Freiheit und Selbstständigkeit gibt. Der Preis dafür ist, dass damit Schutz und Geborgenheit geringer werden. Der Übergang in den Erwachsenenraum stellt nun insofern einen besonderen Schritt dar, dass dieser neue Raum einer der Selbstverantwortung ohne Wenn und Aber ist. Natürlich kann man sich weiterhin Halt und Schutz gebende Strukturen und Beziehungen schaffen, natürlich kann man sich Rat und Hilfe suchen, natürlich kann man auch andere für sich entscheiden lassen. Aber für all das trägt man die Verantwortung – selbst wenn man sie abgibt.

Eine Frau in der AIDS-Beratung:

»Ich wollte ja eigentlich ein Kondom nehmen, aber er hat zu mir gesagt, dass er keine Infektion hat und schon nichts passieren wird. Da habe ich mich überreden lassen. Danach habe ich mich aber nicht gut gefühlt. Was ist, wenn er doch etwas hat? Ich war dann auch sauer auf ihn, weil er mich überredet hat.«

Berater: »Und wenn er Sie überreden wollte, nackt durch die Straßen zu laufen?«
Frau (lacht): »Na, das hätte ich nicht mitgemacht.«
Berater: »Sehen Sie.«

Es ist interessant, wie schnell Menschen in einer der erwachsensten Handlungen, der Sexualität, bereit sind, ihre Verantwortung abzugeben. Nun lässt sich argumentieren, dass sexuelle Hingabe immer auch regressiv ist. Aber das betrifft eben nicht die Verantwortung, die Sexualität grundsätzlich erfordert, egal ob es um Erfüllung, Schwangerschaftsverhütung, Infektionskrankheiten oder andere Aspekte geht. Sexuelle Regression erfordert einen verantwortlich geschaffenen Raum, in dem sie dann möglich ist. Stattdessen aber ist Sexualität oft von einer überbordenden Sehnsucht nach Mütterlichkeit geprägt. Es soll damit keine Verantwortung verbunden sein, es soll Liebe oder einfach nur geil sein. Nach meinem Eindruck ist selbst die Aids-Diskussion immer noch zu wenig von erwachsener Verantwortungsübernahme und noch zu sehr von verständnisvoller Mütterlichkeit geprägt. Das zeigt sich an dem Verständnis, das riskanten Sexualpraktiken in der Prävention immer wieder entgegengebracht wird. Auch hier fehlt oft die väterliche Aussage, dass bestimmtes Verhalten verantwortungslos und dem erwachsenen Aspekt der Sexualität unangemessen ist.

Erklärt wird das große Verständnis mit dem Wesen der Sexualität, das auf Hingabe ausgerichtet sei. Aber was ist denn eine Hingabe wert, die in der Konsequenz suizidal ist? Ich habe zu oft Menschen erlebt, die verzweifelt waren, wenn ihnen ein HIV-positives Testergebnis mitgeteilt wurde. So als hätten sie nicht wissen können, welche Konsequenzen ihr Tun hat. Dabei geht es keinesfalls um Vorschriften. Es geht vielmehr darum, dass jedem Menschen auch in der Sexualität klar sein muss, dass er die Folgen seines Verhaltens verantworten muss.

Aber die Aids-Diskussion mit ihrem manchmal zu großen Verständnis für in der Konsequenz destruktives Tun stellt im gesellschaftlichen Gefüge keine Ausnahme dar. Wir begegnen solcherart Verständnis oft und sind schnell bereit, die Verantwortungsabgabe zu akzeptieren. Die Frau in dem Beispiel wollte mit dem Berater über den verantwortungslosen Mann schimpfen. Ihr kam es zunächst gar nicht in den Sinn, dass sie selbst verantwortungslos handelte. Und ich bin mir nicht sicher, ob diese Frau mit solch einer Haltung nicht zumeist von Beratern, Freunden oder Eltern unterstützt würde.

Das Erwachsenwerden gestaltet sich im Lebenslauf über solch einen langen Zeitraum, dass der Wert und die Verantwortung des Erwachsenwerdens kaum noch spürbar sind. Die Jugendphase als Übergang von der Kindheit ins Erwachsensein beginnt mit der sexuellen Reifung (biologisches Erwachsensein) und endet mit der ökonomischen Unabhängigkeit (soziales Erwachsensein). Diese Phase dauert zumindest bei Studenten meist länger als die Kindheit selbst. Es erfordert auch im gesellschaftlichen Prozess ein deutlich höheres Maß an Väterlichkeit, um die Entwicklung zum Erwachsenen wieder stärker als das bewusst zu machen. Es scheint vergessen zu sein, was Erwachsensein heißt: die Übernahme von Eigenverantwortung ohne Wenn und Aber.

Fünf moralische Prinzipien bilden »das Gesetz des Vaters«. Gemeint ist damit eine Vermittlung von Werten, die der spezifischen Aufgabe von Väterlichkeit immanent sind. Wie der erste Teil mit seinen vielen Beispielen zeigte, mangelt es unserer Gesellschaft an eben diesen Werten. Und es ist eines der wichtigsten Aufgaben im Zuge der Entwicklung einer »väterlichen Gesellschaft«, ihnen wieder zu mehr Recht und Würde zu verhelfen.

Der wichtigste Einwand gegen »das Gesetz des Vaters« lässt sich mit dessen absoluten Anspruch begründen: Ist es nicht unmenschlich, sich diesen moralischen Prinzipien zu unterwerfen? Stellen sie nicht an sich eine Überforderung dar?

Diesem Einwand ist recht zu geben. Wenn wir das Väterliche absolut setzen, wird unsere Welt unbarmherzig. Strenge und Kompromisslosigkeit für sich genommen machen die Welt nicht besser. Es bedarf immer der Güte und der Barmherzigkeit als Ausgleich. Gegründet ist diese Notwendigkeit auch darin, dass Menschen unterschiedliche Kraft und inneren Halt haben, den moralischen Prinzipien zu folgen. Die als Kind empfangene Vaterkraft, die vom Vater gegebene seelische Struktur, ebenso wie das in der Beziehung zur Mutter gewonnene Urvertrauen können je nach Kindheitssituation unterschiedlich wachsen. Wenn all dies gut ausgebildet ist, ist es möglich, die moralischen Prinzipien eindeutiger und klarer zu leben. Wer jedoch wenig inneren Halt besitzt, kann schnell überfordert sein. Daher ist es notwendig, die eigenen Grenzen zu erkennen und in diesen zu handeln.

Und doch soll das nicht als Ausrede für unsere Gesellschaftssituation gelten. Zwar ist auch hier der Ausgleich zwischen mütterlicher Fürsorge und väterlichen Forderungen wichtig. Aber die Situation unserer Gesellschaft ist längst nicht mehr von einem Übermaß an Strenge geprägt. Vielmehr erleben wir in allen Bereichen des gesellschaftlichen Lebens einen Verfall an Werten und Prinzipienfestigkeit. Der »unväterliche Vater« ist zum Ordnungsprinzip geworden und er ist dadurch gekennzeichnet, dass er dem »Gesetz des Vaters« nicht zu seinem Recht verhilft.

DER VATER ALS LEHRMEISTER

Dieter Lenzen hat in seinem Buch »Vaterschaft. Vom Patriarchat zur Alimentation«[77] einen historischen Abriss über die Entwicklung der Vaterschaft gegeben. Auch er konstatiert deren allmählichen Bedeutungsverlust, wobei er diesen nicht erst mit Beginn der Industrialisierung sieht, sondern bereits seit dem Mittelalter mit dem Aufkommen der Marienverehrung und der Wertschätzung des Zölibats als achtenswerte Lebensform. Diese Entwicklung setzt sich in der Folge fort und endet in einer »Feminisierung der Vaterrolle«[78].

Interessant an der Darstellung früher Kulturen ist, dass im Altertum der Vater immer wieder als Lehrmeister seiner Kinder, zumeist seiner Söhne, auftritt und damit eine zentrale Rolle im Gemeinschaftsgefüge einnimmt. Dies gilt für das Alte Ägypten, das Alte Israel und auch für das Römische Reich. Dabei geht es um die angesprochene Wertebildung, aber auch um das, was Mitscherlich »Bewältigungspraxis« nannte. Letztere schloss natürlich auch das Sachlernen ein, wie es heutzutage vor allem durch die Schule vermittelt wird. Der Vater lehrte seinen Kindern das, was sie praktisch und moralisch zum Leben brauchten. Lenzen beklagt, dass in der historischen Entwicklung diese väterliche Aufgabe immer mehr an andere Institutionen abgegeben wurde.

»Es sind nicht die Funktionen, die der Vater einmal ausübte, sondern es ist die Tatsache, dass es nicht mehr der Vater ist, der diese Funktionen wahrnimmt. Denn das ist eine der sich unmittelbar aufdrängenden Auffälligkeiten der historischen Betrachtung: Sukzessive, im Grunde bereits in der griechischen Antike beginnt eine schleichende Verlagerung ehedem väterlicher Funktionen auf andere Funktionsträger. Darüber müsste kein Wort verloren werden, wenn jener Verschiebungsprozess keine qualitative

Veränderung der Funktion mit sich brächte. Aber es ist nun einmal nicht dasselbe, ob ein genetischer Vater seine Kinder ernährt, beschützt und unterrichtet, oder ob dieses die Mutter tut, der staatliche Lehrer oder die Fürsorgeanstalt ... Wem demgegenüber am Schicksal des Individuums gelegen ist, der registriert nicht ohne Befremden, dass die Qualität eines vom leiblichen Vater gezeugten, beschützten Lebens, die Qualität eines Lebens, in welches der Vater hineinführte, sich wohl grundlegend von einem solchen unterscheidet, in welchem gekaufte Akteure einer anonymen Staatsmacht dafür sorgen, dass dem Individuum die erforderlichen Anpassungsleistungen abverlangt werden, das heißt, dass es weniger individuell ist.«[79]

Nun lässt sich sicher diskutieren, ob die Verlagerung von Funktionen, die der Vater vor Jahrtausenden innehatte, auf andere Institutionen nicht zwangsläufig ist. Das in der Schule vermittelte Sachwissen eigenständig die eigenen Kinder zu lehren, würde für jeden Vater eine Überforderung darstellen. Jedoch gibt es in der Aufgabe des Vaters als Lehrmeister seiner Kinder eine Funktion, die selbst die Schule nicht so einfach zu ersetzen vermag: die der Einführung in die Lebensbewältigungspraxis.

Auch dieses Väterlichkeitsmerkmal bezieht seine Legitimation aus den Aufgaben des Vaters gegenüber seinen Kindern, wie Repräsentant der Realität, Begrenzer und Wertevermittler zu sein. Es geht darum, den Kindern nicht nur moralische Prinzipien zu vermitteln, sondern sie auch zu lehren, diese in ihrem Leben umzusetzen und dabei die Eigenständigkeit zu bewahren. Väterlichkeit lehrt Kinder, sich dem Leben zu stellen. Sie begreifen, dass es nicht darum gehen kann, Anstrengungen zu vermeiden, sie lernen, mit anderen Menschen in Beziehung zu treten und dabei den eigenen Prinzipien treu zu bleiben. All das wird von den Vätern weniger durch kluge

Worte vermittelt, als vielmehr durch ihr Vorleben. Indem sie ihre Kinder an die Hand nehmen und sie in verschiedene Situationen führen, ihnen beibringen, diese Situationen zu verstehen und sie zu bestehen, sind Väter die Lehrmeister ihrer Kinder.

Auch hier müssen wir über den familiären Bezugsrahmen hinausblicken. So wie der Vater seine Lebensführung vorlebt und damit als moralische Instanz wirkt oder zumindest wirken soll, so gilt diese wichtige Aufgabe väterlichen Wirkens für all jene, die in unserer Gesellschaft väterliche Aufgaben wahrnehmen. Man mag mit Dieter Lenzen darüber klagen, dass in vielen Punkten andere Institutionen den Vätern ihre althergebrachten Funktionen abgenommen haben. Aber zumindest sei gefordert, dass diese Institutionen oder auch Menschen ihre väterliche Funktion besser wahrnehmen als dies gegenwärtig der Fall ist. Es geht darum, eine Kultur zu entwickeln, die Werte vermittelt und zu einer guten Lebenspraxis anhält.

ECHTE VÄTERLICHKEIT

Die folgende Tabelle gibt noch einmal eine Zusammenfassung der wesentlichen Merkmale von Väterlichkeit, wie sie in den vorangegangenen Kapiteln dargestellt wurden:

Merkmal	*Väterlichkeit*
1. Anderssein	· ist das Nicht-Selbstverständliche · ist das Hinzukommende · ist die Vervielfachung des Beziehungserlebens

2. Eigenständigkeit	· fördert Eigenständigkeit und eigenständige Entwicklung · fördert die Entwicklung eines stabilen Selbst-Bewusstseins
3. Gleichberechtigung	· fördert die soziale Kompetenz · fördert das Miteinander von Frauen und Männern in ihrer jeweiligen Spezifik · mildert Mütterlichkeitsstörungen
4. Geschlechtsspezifik	· gibt Identität und Orientierung (Jungen) · vermittelt Anderssein und darin ebenfalls Orientierung (Mädchen)
5. Vaterkraft	· weckt Neugier und Lust am Entdecken · gibt Hilfe bei der Entwicklung von Freiheit und Selbstständigkeit · verhindert Stillstand und »Kleben« an der Mutter
6. Repräsentation der Realität	· führt in die Ernsthaftigkeit des Lebens ein · konfrontiert mit den Schwierigkeiten des Lebens · fördert, fordert heraus, mutet zu, was über die bisherigen Lebenserfahrungen hinausgeht

	· vermittelt Frustration, Anstrengung und unliebsame Erfahrungen als Teile des Lebens · bereitet auf Schmerz, Niederlage und Scheitern vor · wirkt an der Entidealisierung wichtiger Menschen und des Lebens mit · ruft ins Leben
7. Vermittlung von Lebenssinn	· gibt Antworten · erklärt die Welt und das Leben · hilft bei der Gestaltung und Strukturierung des Lebens · vermittelt Halt und Sicherheit
8. Begrenzung	· gibt Orientierung · gibt Führung · vermittelt Hierarchie · widersteht vermeintlichem Gutsein · anerkennt und vermittelt eigene Begrenzung und die grundsätzliche Begrenzung des Lebens
9. »Gesetz des Vaters«	· erzieht zur Verantwortung · erzieht zu Ehrlichkeit · erzieht zu Prinzipienfestigkeit · erzieht zu konsequentem Handeln · erzieht zur Akzeptanz der Folgen eigenen Handelns
10. Lehrmeister	· lehrt, sich dem Leben zu stellen

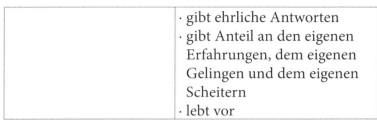

Tab 2: Merkmale von Väterlichkeit

Die Tabelle gibt eine Übersicht, wie breit gefächert Väterlichkeit wirkt beziehungsweise wirken sollte. Alle Merkmale greifen ineinander und haben ihren Ursprung im hinzugekommenen Dritten, der eine ebenso wichtige Funktion besitzt wie die »selbstverständliche« Mütterlichkeit. Die Gleichwertigkeit beider Prinzipien ist entscheidend für die gute Entwicklung eines Kindes wie der Gesellschaft insgesamt.

Es gilt, sich daher noch mit einem letzten Einwand gegen Väterlichkeit auseinanderzusetzen, dem Einwand, dass Väterlichkeit oft genug bewiesen hat, dass sie mehr Schaden anrichtet, als dass sie nützt. Es stellt sich somit die Frage, wo die Grenze zwischen guter und schlechter, nutzbringender und schädlicher Väterlichkeit zu ziehen ist.

Die ausgeführten Merkmale lassen sich nicht in die Kategorien von Gut und Böse einteilen. Sie gehören in ihrer Gänze zum Wesen von Väterlichkeit und sind, da Väterlichkeit ein ebensolches fundamentales Grundprinzip wie Mütterlichkeit ist, weder aufspaltbar noch zu diskreditieren. Väterlichkeit an sich ist gut, sinnvoll und notwendig. Da gibt es nichts abzuschwächen.

Wenn wir also nach der Grenze fragen, hinter der die beschriebenen Merkmale von Väterlichkeit nicht mehr gut und sinnvoll sind, fragen wir demnach nach »falscher Väterlichkeit«. Diese Terminierung ist deshalb wichtig, weil sie der Illusion entgegenwirkt, es könne ohne Väterlichkeit gehen, man könne Vaterschaft, vor allem aber Väterlichkeit abschaffen oder zumindest zurückdrängen.

Es gibt drei Formen falscher Väterlichkeit. Sie entsprechen den bereits im ersten Teil vorgestellten drei »Väterlichkeitsstörungen« von Hans-Joachim Maaz[80]. Die erste Form falscher Väterlichkeit ist die »abwesende Väterlichkeit«, also die, die sich zurückzieht, die die eigenen Prinzipien von Anstrengung und Lebensgestaltung missachtet. Sie gründet sich auf der Verweigerung des triangulierenden Prinzips.

Die zweite Form falscher Väterlichkeit ist die sogenannte »neue Väterlichkeit«, also das, was als »unväterlicher Vater« zu klassifizieren ist. Hier weicht Väterlichkeit den Wesensmerkmalen der Eigenständigkeit und des Andersseins aus, aber auch der Vermittlung von Frustration, Anstrengung und der moralischen Prinzipien. Es ist eine missbräuchliche Väterlichkeit, die sich dem Prinzip der Realität verweigert.

Die dritte Form falscher Väterlichkeit entspricht am ehesten dem, was an traditioneller Väterlichkeit kritisiert wird. Es meint Willkür bis hin zu Gewalt (»Vaterterror«[81]). Die Grenze dieser Form zu echter Väterlichkeit zu ziehen, ist deswegen schwer, weil in unserer Gesellschaft schnell das Unangenehme, das Sperrige und das Frustrierende, das notwendigerweise zur Väterlichkeit dazugehören muss, zu dieser Form falscher Väterlichkeit hinzugezählt wird. Doch genau das wäre falsch. Unter dem Deckmantel, Gewalt und Willkür abzulehnen, wird zu schnell eine eigenständige, den eigenen spezifischen Aufgaben nachgehende Väterlichkeit diskreditiert.

Dieter Lenzen geht auf das aus unserer heutigen Sicht ungeheuerliche Recht des Vaters im Römischen Reich ein, über Leben und Tod seiner Kinder entscheiden zu können. Das wird in unserer Zeit zumeist als völlige Unterwerfung unter den Hausvater verstanden, der damit zumindest in der Familie eine grenzenlose Machtfülle besäße. Doch diese Sichtweise vernachlässigt nach Lenzen, dass auch das römische Recht keine willkürliche Tötung duldete und eine brutale Ausübung verbürgter Rechte in der Kritik der Öffentlichkeit stand. Zudem gab es nicht nur die Verpflichtung der Familienmitglieder gegenüber dem Vater, sondern auch die Pflicht zur Sorge und Empathie des Hausvaters gegenüber den ihm Untergeordneten.»Nur vor diesem Hintergrund wird verständlich, dass es in der gesamten römischen Literatur keine Quelle gibt, in der ein Vater negativ dargestellt würde«[82]. Die Unterstellung, dass der Vater seine Macht zwangsläufig missbraucht, wenn man ihn nur lässt, ist ein typisches Produkt der gegenwärtigen Ablehnung von Väterlichkeit.

Am Beispiel des Vaters, der seinen Sohn zum Springen auffordert, ihn aufzufangen verspricht und dann doch fallen lässt, lässt sich gut die Grenze zwischen echter und falscher Väterlichkeit beschreiben. Es ist das Motiv, die innere Haltung des Vaters, auf die es ankommt und die seiner Erziehung ihre Qualität gibt. Ein Vater, der seinen Sohn quält, der vielleicht sogar noch Lust und Befriedigung empfindet, wenn er ihm körperliche oder seelische Schmerzen zufügt, ist ein brutaler, willkürlicher Gewalttäter. Der Vater aber, der sich der Aufgabe stellt, seinen Sohn in ein Leben einzuführen, wie es ist, also mit all seinen Begrenzungen, Frustrationen und Anstrengungen, ist ein guter Vater. Es wird ihm nicht gefallen, seinen Kindern auch diese Seite vermitteln zu müssen. Aber er akzeptiert und lebt diese Verpflichtung. Ob es zu dieser Verpflichtung gehört, den Sohn wahrhaftig von einer Treppe springen und ihn dabei fallen zu lassen, mag dahingestellt sein. Väter können für eine solche Lektion auch andere Wege finden. Aber niemand sollte glauben, dass diese dann einfacher wären. Es gibt bei der Begleitung der Kinder ins Leben keinen leichten Weg und es muss immer ein schmerzhafter Preis gezahlt werden – durch das Kind ebenso wie durch den Vater. Es handelt sich hier um eine »heilige Verpflichtung«. Falsche Väterlichkeit bedeutet, dieser Verpflichtung nicht nachzukommen.

Es geht demnach um die innere Haltung des väterlich Wirkenden, die die Grenze zwischen falscher und echter Väterlichkeit zieht. Da die Aufgabe des Vaters die Entwicklung eines stabilen Selbst bei den Kindern ist, muss die Grundlage ein ebenso stabiles Selbst beim Vater sein. Ein Vater kann sein Kind beziehungsweise seine Kinder nur soweit ins Leben führen, wie er es sich selbst zutraut. Wenn er ein schwaches Selbstbewusstsein und eine unzureichende Identität hat, wird er immer wieder in falsche Väterlichkeit abrutschen. Neben Gewaltbereitschaft wächst dann auch die Gefahr des Missbrauchs von Kindern für die eigenen Bedürfnisse, nicht nur sexuell, sondern vor allem emotional. Und ebenso wie der Vater ein stabiles Selbst braucht, um seinen Kindern eine gute Väterlichkeit zur Verfügung stellen zu können, braucht auch unsere Gesellschaft ein stabiles Fundament eigenständiger väterlicher Identität.

VON DER VÄTERLOSIGKEIT ZUR VÄTERLICHEN GESELLSCHAFT

Dass von einem stabilen Fundament eigenständiger väterlicher Identität in unserer gegenwärtigen Gesellschaft keine Rede sein kann, wurde im ersten Teil dieses Buches an zahlreichen Beispielen nachgewiesen. Wir leben in einer »väterlosen Gesellschaft«. Sie ist gekennzeichnet durch Ratlosigkeit, was Väterlichkeit in Abgrenzung und Ergänzung zu Mütterlichkeit überhaupt ist. Zugleich aber werden gerade diejenigen väterlichen Eigenschaften in einem erschreckenden gesellschaftlichen Konsens abgelehnt, die für diese Eigenständigkeit stehen und sie umsetzen könnten. Die notwendig unangenehme Seite von Väterlichkeit wird nicht gewollt – weder von jenen, die sie vertreten sollten, noch von denen, für die sie geschieht. Deshalb ist der »unväterliche Vater« der Protagonist unserer Zeit.

Es gibt zwei Bereiche eigenständiger Väterlichkeit. Zum einen ist es die Unterstützung der Kinder in ihrer Entwicklung. Sie müssen sich von der Mutter lösen, die Welt entdecken und ihren Platz in ihr finden und einnehmen. Dabei braucht ein Kind seinen Vater, denn allein ist es mit dieser Aufgabe überfordert. Es bedarf einer väterlichen Unterstützungskraft, die dem Kind Zutrauen in die eigene Stärke gibt.

Dass es an dieser Vaterkraft in unserer Gesellschaft allgemein mangelt, erkennen wir beispielhaft an den immer späteren Auszügen der Kinder aus den Elternhäusern. Es ist die Bequemlichkeit des »Hotels Mama«, es ist die Hoffnung, immer noch einen »Nachschlag Mutterliebe« zu bekommen. Es ist aber auch das mangelnde Zutrauen in sich und die eigenen Fähigkeiten. Die notwendig väterliche Unterstützung besteht eben nicht darin, Kinder vor allen Gefahren zu behüten, sondern ihnen Zutrauen zu geben und damit ihr Selbstbewusstsein zu stärken.

Doch auch wenn es häufig an väterlicher Unterstützungskraft mangelt, ist dieses Thema in unserer Gesellschaft nicht so stark umstritten, dass damit die Ablehnung von Väterlichkeit erklärt werden könnte. Das sieht für den anderen Bereich eigenständiger Väterlichkeit anders aus. Mit den Stichworten »Vermittlung auch der unangenehmen Realität«, »Setzen von Grenzen« und »Prinzipientreue« ist die unangenehme, sperrige Seite väterlicher Aufgaben angesprochen, die viel deutlicher und offener abgelehnt wird. Das Unangenehme ist zumeist nicht gewollt und trifft schnell auf den Vorwurf der Inhumanität. Diese Haltung ist uns mittlerweile so selbstverständlich geworden, dass bereits die Aussage, dass es ein »Gesetz des Vaters« gibt, befremdlich wirkt. In unserer Gesellschaft gibt es diese Vorstellung gar nicht mehr. Ihr fehlt das Bild eigenständiger, selbstbewusster und kraftvoller Väterlichkeit. Und so weht uns vielleicht ein Hauch von Sentimentalität an, wenn uns in historischen Filmen ein väterlicher Lehrmeister begegnet. Aber in unserer gesellschaftlichen Realität haben solche Figuren nur am Rande Platz und werden nur geduldet, so lange daraus keine Konsequenzen erwachsen. Denken wir nur an Altpolitiker, die im Ruhestand geachtete Reden halten dürfen. In ihrer aktiven Zeit waren sie längst nicht so beliebt.

Und doch ist es notwendig, dass wir eine gesellschaftliche Diskussion über die Entwicklung einer besseren Väterlichkeit eröffnen!

Das sollte mit einer Debatte über die »neuen Väter« beginnen. Wie lässt sich dieses Etikett auf eine bessere und vor allem inhaltsreichere Weise als bisher füllen? Väterzeit, Vereinbarkeit von Beruf und Familie auch für die Väter und Sorgerecht bestimmen derzeit die Diskussion. Aber so wichtig solche Punkte sein mögen, handelt es sich dabei in erster Linie um formelle Strukturen und rechtliche Regelungen. Mindestens ebenso wichtig aber ist die inhaltliche Auseinandersetzung, was Väter als eigenständigen Beitrag einzubringen haben. Es sollte dabei keinesfalls nur um eine Entlastung der Mütter gehen. Doch genau das ist zumeist der Inhalt der gegenwärtigen Bemühungen.

Das Bestreben, mehr männliche Erzieher für Kindertagesstätten und Grundschulen zu gewinnen[83], resultiert aus dem Wunsch und vielleicht auch der Sehnsucht, das Problem der abwesenden Väter zu verringern. Dahinter steckt sicher auch nicht nur der Entlastungsgedanke für die Erzieherinnen. Vielmehr wird von einer spezifischen Beziehung der Kinder zu männlichen Bezugspersonen ausgegangen. Und doch wird diese Diskussion zu wenig substanziell geführt. Geht es nur darum, dass männliche Erzieher körperlich stärker sind und somit Aufgaben im Alltag einer Kindertagesstätte, die Kraft erfordern, besser erledigen können? Oder geht es nur darum, dass Kinder oftmals lieber mit männlichen Bezugspersonen ihre Kräfte messen? Das sind sicher auch Aspekte, die in Richtung einer eigenständigen Väterlichkeit weisen. Aber wenn dann die männlichen Erzieher wenig väterlich sind, sondern sich vor allem als Spielkamerad begreifen und ansonsten in gleicher Weise handeln wie die weiblichen Erzieher, wird das angestrebte Ziel verfehlt. Nicht umsonst zeigt eine Studie der Gewerkschaft für Erziehung und Wissenschaft, dass Männer in Grundschulen allein noch keine Veränderung des Bildungssystems bewirken[84]. Die daraus gezogene Schlussfolgerung, dass es somit keiner männlichen Erzieher und Lehrer bedarf, ist natürlich absurd und kontraproduktiv. Notwendig ist vielmehr ein spezifischer Beitrag dieser Gruppe, der gegenwärtig zu kurz kommt. Und dieser muss in Richtung einer qualitativ intensiveren Umsetzung von Väterlichkeit auch in den Bildungsinstitutionen weisen. Die formelle Forderung »Mehr Männer in Kitas« braucht eine inhaltliche Ausgestaltung. Doch die braucht es natürlich nicht nur in den Bildungsinstitutionen, sondern ebenso in den Familien. Elternbildung ist hier das Stichwort. In einer solchen Idee äußert sich die Erfahrung, dass uns heute lebenden Müttern und Vätern das selbstverständliche Wissen verloren gegangen ist. Der fortwährend gute Absatz von Ratgeberliteratur für Eltern zeigt die Verunsicherung und den Bedarf an Verhaltenshinweisen. Doch wenn sich die Elternbildung in Handlungsanweisungen erschöpft, ohne dabei auch die Beziehungsthemen des mütterlichen und des väterlichen Prinzips zu diskutieren, muss die Ratlosigkeit bestehen bleiben. Letztlich geht es ja nicht um festgelegte Verhaltensweisen, sondern um eine emotionale und tätige Ausgestaltung der Kindererziehung. Elternbildung sollte daher umfassend sein und tiefer gehen. Doch auch hier bedarf es einer gesamtgesellschaftlichen Auseinandersetzung über die spezifischen Aufgaben von Vätern. Die Diskussion darüber, was Väterlichkeit ist und wie sie von den »neuen Vätern« umgesetzt werden kann, ist unerlässlich.

Ich habe an vielen Stellen dieses Buches hingewiesen, dass Väterlichkeit nicht nur das notwendige Verhalten von Familienvätern meint. Es geht nicht allein um die »neuen Väter«, sondern vor allem um eine »neue Väterlichkeit«. Gemeint ist damit ein zentrales Prinzip der Gestaltung sozialer Beziehungen, dem es in unserer Gesellschaft auf vielen Gebieten mangelt. Verallgemeinernd lässt sich sagen, dass es an Moral, verbindlichen Werten, Anerkenntnis von Begrenzung und Eigenverantwortung fehlt.

Das ist, wie Alexander Mitscherlich in seinem Buch »Auf dem Weg zur vaterlosen Gesellschaft« beschreibt, zunächst eine Folge der Industrialisierung und damit des kapitalistischen Wirtschaftssystems. Doch die von ihm beschriebene Entwicklung ist dergestalt vorangeschritten, dass wir diesen Zustand mittlerweile als normal und oftmals sogar als gut ansehen. Die Familienväter wurden im Zuge der Industrialisierung aus dem Alltag der Familien herausgedrängt, sinnstiftende Arbeitsstrukturen abgeschafft. Und nun glauben wir, dass wir einer eigenständigen Väterlichkeit gar nicht mehr bedürfen, ja dass sie schädlich sei. Damit hat sich eine »väterlose Gesellschaft« entwickelt, der es an den beschriebenen Eigenschaften mangelt. Die Folge ist eine Wachstumsideologie, die unsere Lebensgrundlagen zerstört, ist eine Politik, der es an Glaubwürdigkeit fehlt, und ein gesellschaftliches Zusammenleben, dem es an Sinn mangelt.

Eine gesellschaftliche Diskussion, die sich mit diesen Themen befasst und dabei den Menschen auch Unangenehmes zumutet, ist unerlässlich, um der gegenwärtigen Entwicklung entgegenzuwirken. Vermutlich gibt es kaum einen Bereich in unserer Gesellschaft, in dem diese inhaltliche Auseinandersetzung nicht notwendig wäre. Denn nur ein breit angelegter Diskurs, aus dem sich ein verändertes Miteinander entwickelt, könnte die Grundlage schaffen, aus der allgemeinen Väterlosigkeit eine »väterliche Gesellschaft« zu entwickeln. Ich hoffe, dass dieses Buch einen Anstoß dazu gibt.

ANMERKUNGEN

1 Sächsische Zeitung vom 9.7.2011.

2 M. Stiehler: »Gesundheitsförderung im Gefängnis. Eine strukturreflexive Analyse am Beispiel der AIDS-Prävention im sächsischen Justizvollzug« Shaker-Verlag, Aachen 2000, S. 129f.

3 N. Elias »Über den Prozess der Zivilisation. Soziogenetische und psychogenetische Untersuchungen« Band 1 und 2. Suhrkamp Taschenbuch Verlag, Frankfurt 1997.

4 E. Durkheim: »Der Selbstmord« Suhrkamp Taschenbuch Verlag, Frankfurt 1983.

5 S. Gregersen, S. Kuhnert, A. Zimber, A. Nienhaus: »Führungsverhalten und Gesundheit – Zum Stand der Forschung« In: Gesundheitswesen 2011; 73: S. 3-12.

6 Wikipedia Artikel »Transformationale Führung«, http://de.wikipedia.org/wiki/Transformationale_F%C3%BChrung – Stand 6.5.2012.

7 S. Gregersen, S. Kuhnert, A. Zimber, A. Nienhaus: »Führungsverhalten und Gesundheit – Zum Stand der Forschung« In: Gesundheitswesen 2011; 73: S. 7.

8 W. Tischner: Konfrontative Pädagogik – die vergessene »väterliche« Seite der Erziehung. In: J. Weidner, R. Kilb (Hrsg.): Konfrontative Pädagogik: Konfliktbearbeitung in Sozialer Arbeit und Erziehung. Verlag für Sozialwissenschaften, Wiesbaden, 4. erweiterte Auflage 2010, S. 70.

9 Ebenda, S. 73.

10 Ebenda, S. 63.

11 Ebenda, S. 64.

12 Ebenda, S. 64.

13 Statistisches Bundesamt Deutschland: »Eheschließungen, Scheidungen« http://www.destatis.de/jetspeed/portal/cms/Sites/desta-

tis/Internet/DE/Navigation/Statistiken/Bevoelkerung/EheschliessungenScheidungen/EheschliessungenScheidungen.psml – Stand 3.7.2011.

14 taz.de: »Männer rutschen aus dem Blick« http://www.taz.de/1/leben/alltag/artikel/1/maenner-rutschen-aus-dem-blick/ – Stand 6.5.2012.

15 Wikipedia: Artikel »Bevölkerungsrückgang« http://de.wikipedia.org/wiki/Geburtenr%C3%BCckgang – Stand 6.5.2012.

16 H.-J. Maaz: »Die Liebesfalle. Spielregeln für eine neue Beziehungskultur« Verlag C. H. Beck, München 2007, S. 42.

17 Ebenda, S. 44.

18 Ebenda, S. 44.

19 Wikipedia: Artikel »Auctoritas« http://de.wikipedia.org/wiki/Auctoritas – Stand 6.5.2012.

20 H.-J. Maaz: »Die Liebesfalle. Spielregeln für eine neue Beziehungskultur« Verlag C. H. Beck, München 2007, S. 42.

21 Ebenda, S. 42.

22 Ebenda, S. 46.

23 Aus der ARD-Dokumentation »Deutschland unter Druck«, ARD 14.2.2011.

24 M. Matzner: »Vaterbilder und Vaterfunktionen« https://www.familienhandbuch.de/elternschaft/vaterschaft/vaterbilder-und-vaterfunktionen – Stand 6.5.2012.

25 Matthias Stiehler: »Der frühe Vater – Vaterschwäche und Vaterabwesenheit« In: Blickpunkt Der Mann 2/2006, S. 30-35.

26 B. Hohlen: Als den Vätern die Seele erfror. SPIEGEL-Online. http://einestages.spiegel.de/static/topicalbumbackground/560/1/als_den_vaetern_die_seele_erfror.html – Stand: 6.5.2012.

27 M. Matzner: »Vaterbilder und Vaterfunktionen« https://www.familienhandbuch.de/elternschaft/vaterschaft/vaterbilder-und-vaterfunktionen – Stand 6.5.2012.

28 D. Lenzen: »Vaterschaft. Vom Patriarchat zur Alimentation« Rowohlt Taschenbuch Verlag, Hamburg 1991.

29 M. Stiehler: »Zur ›Vorwerk Familienstudie 2008‹« In: Switchboard, 187/2008, S. 34-35.

30 H. Bullinger: »Wenn Männer Väter werden« Rowohlt Verlag, Reinbek bei Hamburg 1997.

31 Statistisches Bundesamt Deutschland: Alleinerziehende in Deutschland. Ergebnisse des Mikrozensus 2009, S. 7. http://www.destatis.de/jettend/portal/cms/Sites/destatis/Internet/DE/Presse/pk/2010/Alleinerziehende/pressebroschuere__Alleinerziehende2009,property=file.pdf – Stand 3.7.2011.

32 Ebenda, S. 14.

33 M. Stiehler: »Der Männerversteher. Die neuen Leiden des starken Geschlechts. Verlag C. H. Beck, München 2010, S. 130.

34 Ellviva.de: »Patchworkfamilien in Deutschland« http://www.ellviva.de/Familie-Kinder/Patchworkfamilie-Patchwork-Familien.html – Stand 6.5.2012.

35 Wikipedia: Artikel »Stieffamilie« http://de.wikipedia.org/wiki/Stieffamilie – Stand 6.5.2012.

36 Westdeutscher Rundfunk: »Hart aber fair« vom 13.4.2011. http://www.wdr.de/tv/hartaberfair/sendungen/index.php5 – Stand 20.4.2011.

37 Spiegel-Online: »Mutter erschießt ›aufmüpfige‹ Kinder«, Meldung vom 30.01.2011, http://www.spiegel.de/panorama/justiz/0,1518,742513,00.html – Stand 6.5.2012.

38 M. Winterhoff: »Warum unsere Kinder Tyrannen werden. Oder: Die Abschaffung der Kindheit«. Gütersloher Verlagshaus, Gütersloh 2008.

39 A. Bambey, H.-W. Gumbinger: »Der randständige Vater. Sozialwissenschaftliche Erkundungen einer prekären Familienkonstellation« In: F. Dammasch, H.-G. Metzger (Hrsg.): »Die Bedeutung des Vaters. Psychoanalytische Perspektiven« Verlag Brandes & Apsel, Frankfurt am Main, 2006, S. 218-254.

40 Ebenda, S. 224.

41 M. Winterhoff: »Warum unsere Kinder Tyrannen werden. Oder: Die Abschaffung der Kindheit« Gütersloher Verlagshaus, Gütersloh 2008, S. 170.

42 Spiegel Online: »Zahl der psychischen Erkrankungen steigt auf Rekordhoch« vom 15. Februar 2011, http://www.spiegel.de/wirtschaft/soziales/0,1518,745634,00.html – Stand 6.5.2012.

43 A. Mitscherlich: »Auf dem Weg zur vaterlosen Gesellschaft. Ideen zur Sozialpsychologie« R. Piper & Co. Verlag, München 1961.

44 Ebenda, S. 180.

45 Ebenda, S. 341.

46 Saarländischer Rundfunk, SR2: »Klassiker von ›Fragen an den Autor‹: A. Mitscherlich, ›Vaterlose Gesellschaft‹« vom 23.11.1969 – http://www.podcast.de/episode/1629361/A._Mitscherlich,_%22vaterlose_Gesellschaft%22,_23.11.1969 – Stand 6.5.2012.

47 A. Mitscherlich: »Auf dem Weg zur vaterlosen Gesellschaft. Ideen zur Sozialpsychologie« R. Piper & Co. Verlag, München 1961, S. 348.

48 Ebenda, S. 347.

49 Ebenda, S. 347.

50 Saarländischer Rundfunk, SR2: »Klassiker von ›Fragen an den Autor‹: A. Mitscherlich, ›Vaterlose Gesellschaft‹« vom 23.11.1969 – http://www.podcast.de/episode/1629361/A._Mitscherlich,_%22vaterlose_Gesellschaft%22,_23.11.1969 – Stand 6.5.2012.

51 F. Dammasch: »Die alleinerziehende Mutter, das Schuldgefühl und die Lehrerin« In: Frank Dammasch, Hans-Geert Metzger (Hrsg.): »Die Bedeutung des Vaters. Psychoanalytische Perspektiven. Brandes & Apsel Verlag, Frankfurt am Main 2006, S. 179-197.

52 Ebenda, S. 192.

53 Ebenda, S. 194.

54 K. von Klitzing: »Frühe Entwicklung im Längsschnitt: Von der Beziehungswelt der Eltern zur Vorstellungswelt des Kindes« In: Psyche – Zeitschrift für Psychoanalyse 56/2002.

55 F. Dammasch, H.-G. Metzger: »Einleitung. Engagierte Väter – verschwindende Väter«. In: F. Dammasch, H.-G. Metzger (Hrsg.): »Die Bedeutung des Vaters. Psychoanalytische Perspektiven. Brandes & Apsel Verlag, Frankfurt am Main 2006, S. 36.

56 K. von Klitzing: »Frühe Entwicklung im Längsschnitt: Von der Beziehungswelt der Eltern zur Vorstellungswelt des Kindes« In: Psyche – Zeitschrift für Psychoanalyse 56/2002.

57 R. Borens: »Unser Vater/Vater unser«. In: F. Dammasch, H.-G. Metzger (Hrsg.): »Die Bedeutung des Vaters. Psychoanalytische Perspektiven. Brandes & Apsel Verlag, Frankfurt am Main 2006, S. 91.

58 W. Fthenakif, A. Engfer: »Übergang zur Elternschaft: Die Chancen der Vaterschaft.« LBS-Familien-Studie Report 2/1998 – http://www.lbs.de/west/lbs/pics/upload/tfmedia1/HBMAALia40k.pdf – Stand 6.5.2012.

59 M. Mahler, B. Gosliner: »On Symbiotic Child Psychosis: Genetic Dynamic and estitutive Aspects« Zitiert aus: (Frank Dammasch: »Triangulierung und Geschlecht. Das Vaterbild in der Psychoanalyse und die Entwicklung des Jungen« In: F. Dammasch, D. Katzenbach, J. Ruth (Hrsg.): »Triangulierung. Lernen, Denken und Handeln aus psychoanalytischer und pädagogischer Sicht« Brandes & Apsel Verlag, Frankfurt am Main 2008, S. 19.

60 H.-J. Maaz: »Der Lilithkomplex. Die dunklen Seiten der Mütterlichkeit« Verlag C. H. Beck, München 2003.

61 Ebenda, S. 31.

62 N. Chodorov: »Das Erbe der Mütter. Psychoanalyse und Soziologie der Geschlechter« Verlag Frauenoffensive, München 1984.

63 F. Dammasch: »Triangulierung und Geschlecht. Das Vaterbild in der Psychoanalyse und die Entwicklung des Jungen« In: F. Dammasch, D. Katzenbach, J. Ruth (Hrsg.): »Triangulierung. Lernen,

Denken und Handeln aus psychoanalytischer und pädagogischer Sicht« Brandes & Apsel Verlag, Frankfurt am Main 2008, S. 36.

64 Statistisches Bundesamt Deutschland: »Söhne wohnen länger als Töchter im ›Hotel Mama‹« Pressemeldung vom 31.3.2009. http://www.destatis.de/jetspeed/portal/cms/Sites/destatis/Internet/DE/Presse/pm/zdw/2009/PD09__013__p002,templateId=renderPrint.psml – Stand 3.7.2011.

65 Saarländischer Rundfunk, SR2: »Klassiker von ›Fragen an den Autor‹: A. Mitscherlich, ›Vaterlose Gesellschaft‹« vom 23.11.1969 – http://www.podcast.de/episode/1629361/A._Mitscherlich,_%22vaterlose_Gesellschaft%22,_23.11.1969 – Stand 6.5.2012.

66 W. Fthenakis: »Väter« Band 1 und 2. Deutscher Taschenbuch Verlag, München 1988.

67 J. Hillman: Verrat. In: Analytische Psychologie 10.Jg. 1979, S. 81.

68 Ebenda, S. 86.

69 H.-G. Metzger: »Idealisierung und Entwertung des Vaters« In: Psychoanalyse Aktuell. Onlinezeitschrift der Deutschen Psychoanalytischen Gesellschaft. http://www.psychoanalyse-aktuell.de/kinder/idealisierung.html – Stand 6.5.2012.

70 Ich danke Dr. Ulrike Gedeon für dieses Beispiel.

71 Ostseezeitung vom 23.6.2011.

72 M. Winterhoff: »Warum unsere Kinder Tyrannen werden. Oder: Die Abschaffung der Kindheit« Gütersloher Verlagshaus 2008, S. 174.

73 Wikipedia: Artikel »Name-des-Vaters« http://de.wikipedia.org/wiki/Name-des-Vaters - Stand 6.5.2012.

74 A. Miller: »Du sollst nicht merken. Variationen über das Paradies-Thema« Suhrkamp Taschenbuchverlag . Frankfurt 1983; H.-J. Maaz: »Der Lilithkomplex. Die dunklen Seiten der Mütterlichkeit« Verlag C. H. Beck, München 2003.

75 A. Mitscherlich: »Auf dem Weg zur vaterlosen Gesellschaft. Ideen

zur Sozialpsychologie« R. Piper & Co. Verlag, München 1961, S. 346f.

76 Ebenda, S. 182f.
77 D. Lenzen: »Vaterschaft. Vom Patriarchat zur Alimentation« Rowohlt Taschenbuchverlag, Reinbek bei Hamburg 1991.
78 Ebenda, S. 246.
79 Ebenda, S. 252f.
80 H.-J. Maaz: »Die Liebesfalle. Spielregeln für eine neue Beziehungskultur« Verlag C. H. Beck, München 2007.
81 Ebenda, S. 42.
82 D. Lenzen: »Vaterschaft. Vom Patriarchat zur Alimentation« Rowohlt Taschenbuchverlag, Reinbek bei Hamburg 1991, S. 96.
83 http://www.koordination-maennerinkitas.de/ – Stand 6.5.2012.
84 T. V. Rieske: Bildung von Geschlecht. Zur Diskussion um Jungenbenachteiligung und Feminisierung in deutschen Bildungsinstitutionen. Herausgegeben von der Gewerkschaft für Erziehung und Wissenschaft. Eigenverlag, Februar 2011.

http://www.gew.de/Binaries/Binary72549/Bro_Bildung_von_Geschlecht_web.pdf – Stand 6.5.2012.